falter 56

Wege der Seele – Bilder des Lebens

Albert Vinzens

Wundersame Zusammenhänge

Den Himmel im Leben entdecken

Verlag Freies Geistesleben

1. Auflage 2024

Verlag Freies Geistesleben
Landhausstraße 82, 70190 Stuttgart
www.geistesleben.de

ISBN 978-3-7725-3456-0

ⓔ auch als eBook erhältlich

Umschlaggestaltung & Satz: Thomas Neuerer
Umschlagfoto: Blickwinkel / P. Frischknecht
Druck und Bindung: Livonia Print, Riga
Printed in Latvia

FSC www.fsc.org MIX Papier | Fördert gute Waldnutzung FSC® C002795

Inhalt

Vorwort

Freund Ralf kaufte sich ein gelbes Sportauto. Von diesem Moment an sah er solche Autos überall. Vor einem Jahr wurde Amelie schwanger – bald fühlte sie sich von lauter schwangeren Frauen umgeben. Fußballfans denken, dass alle Menschen Fußballfans sind.

Wie es zu solchen Phänomenen kommt, ist leicht erklärbar: Man überträgt persönliche Interessen auf die Welt – und diese scheint mit ihnen in Resonanz zu sein. Schwieriger wird es, wenn so etwas passiert wie das Folgende: Da kommt Ignaz auf den Einfall, der fast vergessenen Freundin Mevina in Australien endlich mal wieder eine Mail zu schreiben, er setzt sich hin und sieht, wie auf dem PC kurz ein Fenster aufploppt und meldet, dass gerade eben eine Mail aus Australien eingetroffen ist, Betreff: Mevina denkt an dich.

Was wir als objektive Realität erleben, ist meist subjektiv geprägt. Weil mich gewisse Dinge besonders viel angehen, kriegen sie eine Bedeutung, die nur ich ihnen gebe. Irgendwo in Ralfs Kopf mag die Erkenntnis da sein. «Ah, ich sehe diesen Sportwagen deshalb so häufig, weil ich selber einen solchen fahre», doch meist machen wir uns über solche Dinge zu wenig oder gar keine Gedanken. Erst recht aber entgehen uns die etwas komplizierteren Fälle – da reden wir dann vorschnell von «Zufall».

Ich habe viel von dem, was mir im Leben so passiert, lange als Zufall abgetan. Eines Tages kamen bei mir unabhängig voneinander zwei Briefe an, in denen befreundete Lehrer von neuen Schulgründungen erzählten. Ich fand das gleichzeitige Eintreffen der Briefe witzig. Dabei war ich am gleichen Tag mit dem Impuls aufgewacht, mich am Institut, wo ich damals unterrichtete, für eine Erneuerung des Curriculums einzusetzen. Diesen Traum auf die Briefe zu beziehen, wäre mir nicht in den Sinn gekommen. – Warum sollte ich auch? Ich muss mir doch keine Gedanken über die Tatsache machen, dass ich kürzlich auf einem Spaziergang beim Haus unserer Nachbarin vorbeiging und dachte, ich sollte wieder einmal bei ihr klingeln – und wie ich zu Hause ankomme, steht sie unter unserer Haustüre und plaudert mit meiner Frau. Wo kämen wir hin, wenn wir über solche Lappalien extra nachdenken würden? Ist das, wie gesagt, nicht alles schlichtweg nur Zufall?

Am 14. August 2019 änderte sich meine Einstellung dazu. Das Telefon klingelte, in der Leitung meldete sich die Stimme von Jean-Claude Lin, damals Chefredakteur der Zeitschrift *a tempo*. Er fragte, ob ich mir vorstellen könnte, Beiträge für sein Lebensmagazin zu schreiben, in denen ich mit, wie er meinte, «philosophischem Spürsinn» über mein Alltagsleben nachdenken würde. Lin unterstrich die Ernsthafitgkeit seines Anliegens durch den Hinweis auf zwei Vorträge von Rudolf Steiner (1861–1925), die dieser am 29. März 1910 in Wien und am 11. September 1920 in Dornach gehalten hatte.

Im ersten dieser Vorträge geht es um das logische Denken und die Kunst, gleichzeitig mit dem Herzen denken zu lernen. Durch die parallele Verwendung dieser beiden Denkformen könnten wir Ereignisse, «bei denen uns sozusagen der Verstand stehenbleibt», genauer untersuchen. Steiner ermunterte seine Zuhörer, in einer neuen Weise über etwas nachzudenken, «was man im gewöhnlichen Leben einen Widerspruch nennt oder etwas Zusammenstimmendes». Über so etwas nachzudenken verlangt von mir, dass ich für einen Moment neben mein Ich trete und aus verschiedenen Weltanschauungsrichtungen auf mich blicke und in die verschiedensten Standpunkte meiner Biografie «hineinkrieche». Steiners Motto dazu lautete:

«Lerne dein eigenes Leben mit den Augen eines anderen zu sehen.»

Im Dornacher Vortrag, den er zehn Jahre später hielt, sprach Steiner darüber, wie wichtig es in unserer Zeit sei, dass wir, um gestaltend an der Welt teilzuhaben, in unsere «innere Aktivität finden». Dazu gehöre ein aktives Verhältnis zur Sprache. Wir sollten nicht am wörtlichen Sinn kleben bleiben, sondern mehr und mehr erahnen, wie Worte «in einer gewissen Weise gebärdenhaft hindeuten auf das eigentliche Wirkliche», das hinter ihnen liegt: «Bei den Worten aber müssen sich die Menschen immer klarer und klarer werden, dass die Sprache auf dem Wege ist, das Wort zur Gebärde zu machen, und dass wir nicht weitergehen sollen, als uns durch das Wort auf etwas, was nicht mehr im Worte liegt, hindeuten zu lassen.»

Steiner geht es darum, den «Nüchtling» in uns, wie er den zum Intellektualismus neigenden Gegenwartsmenschen bezeichnet, mit Phantasie zu beleben und dadurch das wörtliche Denken zu transformieren. Durch gesteigerte Aufmerksamkeit können wir in den Alltagsprozessen allmählich «den Ausdruck eines tieferen geistigen Lebens» entdecken. Dadurch wiederum lassen sich Vernetzungen erkennen, die den roten Faden der Biografie auslegen. – Der Vortrag endet mit Rudolf Steiners Bemerkung, dass die Philosophen die letzten seien, «die die Dinge, die sich in der Welt wirklich vollziehen, bemerken». – Nun hatte mich Lin ausgerechnet gebeten, meinen «philosophischen Spürsinn» walten lasse. «Das kann ja heiter werden», dachte ich, doch die bezaubernde Anfrage konnte ich unmöglich abschlagen, im Gegenteil, ich wollte mich auf diesem für mich neuen Gebiet erproben, also sagte ich zu.

In den darauffolgenden Jahren fiel mir auf, wieviel ich auf diesem Gebiet bisher verschlafen hatte. Doch nun war ich um Erhellung bemüht und kam manchem Geheimnis auf die Spur. In über 50 kleinen Aufsätzen setzte ich mich mit «Zufällen» aus meinem Leben auseinander. 36 von ihnen wählten wir dann für *a tempo* aus, und wiederum eine Auswahl davon erscheint, in teilweise leicht überarbeiteter Form, in diesem Buch. Die Beiträge, die monatlich zwischen Januar 2020 und Dezember 2022 erschienen, wurden unter der Rubrik *wunderbare zusammenhänge* angekündigt.

Das vorliegende Buch hat sein Ziel erreicht, wenn sich die Leserinnen und Leser während der Lektüre an Ereignisse in ihrem eigenen Leben erinnern, deren tiefere Zusammenhänge durch diese Beiträge vielleicht klarer werden. Ich freue mich, wenn in Zukunft weniger von Zufällen geredet wird, wo es um tiefe biografische Geschehnisse geht.

Kassel, 27. August 2024

1

«Stecket den Zuun nid z'wit»

Ich bin gerade in Gedanken zum Thema «Grenzen» vertieft und überlege, ob es vielen Menschen deshalb so schlecht geht, weil ihnen immer mehr Grenzen auferlegt werden, da klingelt es und unser Freund Michael, ein Berufsimker aus dem nächsten Ort, steht vor der Haustüre.

* * *

Wenn ich an Grenzen denke, kommt mir Fallou in den Sinn. Er war nach Europa gekommen, um bei uns zu studieren. Ich lernte ihn in Kassel kennen und schätzte seine Art, tief über die Dinge des Lebens nachzudenken. Er war zurückhaltend, schien an etwas zu leiden, doch seine Zurückhaltung war den Mitstudierenden gerade recht, denn sie konnten seine Gedanken nur schwer und manchmal gar nicht verstehen.

Fallou saß einmal in einem Seminar von mir über monotheistische Religionen und ihre Abgrenzungen gegen Andersgläubige. Nachdem er lange schweigend zugehört hatte, meldete er sich und sagte aus einer Mischung aus Trauer und Zorn: «Wieso redet ihr gleichzeitig über Religionen und Grenzen? Das hat doch nichts miteinander zu tun! Religionen machen die Seele weit, Grenzen machen sie eng.»

Fallous Heimatland Mali kenne ich nur durch Ali Farka Touré (1939–2006). Dessen Weltmusik atmet eine schier grenzenlose Weite. Etwas von dieser Grenzenlosigkeit muss auch in Fallous Seele da sein. Er hat recht: Religionen und Grenzen – das ist ein absoluter Widerspruch.

Wie Fallou macht sich auch der Bildhauer Olaf Holzapfel (* 1967) Gedanken zu dieser Frage. Er kam vor etwas über 50 Jahren in Dresden auf die Welt, ist also ein Kind der ehemaligen DDR. Sein Künstlerleben ist von der Erfahrung des Grenzensetzens geprägt. Vielleicht deshalb drehte er einen Film über die Hochebene Patagoniens, wo er tagelang an massiven, zwei Meter hohen Tierzäunen entlang gefahren und gewandert ist. In mühsamer Arbeit ziehen die Fazendeiros in dieser weltabgelegenen Gegend kilometerlange Zäune durch die endlosen Weiten, um die Wege ihrer Rinder zu begrenzen. Diese Zäune sind das Einzige, was im wind- und wetterumwehten Hochland an Menschen erinnert. –

Michael Succow (* 1942), Biologe in Greifswald und Professor an der dortigen Universität, baut Grenzen ab, wo er nur kann. So hat er, in Absprache mit den Nachbarn, die Zäune zwischen ihren Grundstücken entfernt. Seither zieht ein ausgeprägtes Gefühl von Freiheit durch ihre Gärten. Wenn ich mir vorstelle, wie ich meinen freundlichen Nachbarn zum Abbau unseres gemeinsamen Gartenzauns überreden könnte, träume ich manchmal von Succows Mut. «Der Nachbar braucht die Sicherheit des Zauns», denke ich, weiß allerdings nicht, ob meine Vermutung tatsächlich zutrifft.

Succow ist Träger des alternativen Nobelpreises. Den hat er sich weniger durch Nachbarschaftspflege verdient als vielmehr durch seinen Einsatz für die Erhaltung der San, dieser Nomaden im Südwesten Afrikas, die als Jäger und Sammler auf offene Länderbeziehungen angewiesen sind. Ihr Leben ist vom Aussterben bedroht, weil auch in Afrika zwischen Religionen, Nationen und nomadisierenden Stämmen immer mehr Grenzen aus dem Boden schießen.

* * *

Unser Imkerfreund Michael, der noch immer an der Haustüre steht, hat die neuesten Nachrichten aus der Bienenwelt dabei. In der Zeitschrift *bienen & natur* steht ein Beitrag über Bienen in Afrika. Darin erzählt der Imker Wolfgang Ritter (* 1948) Staunenswertes über afrikanische Bienen und geht der Frage nach, warum diese Bienen gegen die tödliche Varroamilbe weitgehend resistent sind. Laut Ritter liegt es daran, dass sie den natürlichen Rhythmen ihres Lebens folgen und grenzenlos wandern dürfen. Wenn in bestimmten afrikanischen Regionen ein Mangel an Blütentracht oder Wasser herrscht, erhalten die Bienen von ihren Imkern den Segen und fliegen davon. Die zurückgelassenen Waben in den leeren Kästen werden von Wachsmotten unschädlich beseitigt, und die Bienen beziehen, wenn sie zurückkehren – was nicht immer der Fall ist –, nach manchmal langer Abwesenheit wieder ihre alten gesäuberten Kästen.

* * *

Auch in der Schweiz spielen Grenzen eine Rolle, und das schon lange. Ihr Nationalheiliger, Niklaus von Flüe (1417–1487), hat früh über Grenzen nachgedacht. In der Innerschweiz auf der Scholle seiner Eltern aufgewachsen, blieb er zeitlebens im Ort. Im Oktober 1467 ließ der Bergbauer Frau, Hof und zehn Kinder zurück, um einige Gehminuten von dort entfernt fortan als Eremit in der nahen Ranftschlucht zu leben. Ernährt habe sich Bruder Klaus von der Hostie und von Quellwasser. Sein ältester Sohn führte den Hof weiter und sorgte für die Familie.

Als eine Delegation von Schweizer Staatsmännern Bruder Klaus besuchte und ihn fragte, was er von ihrer Idee halte, die Landesgrenze der Schweiz zu erweitern, soll der Einsiedler geantwortet haben: «Stecket den Zuun nid z'wiit.» Historiker halten diesen Ausspruch für eine Legende, deshalb wende ich mich einer anderen Sache zu, die mit Sicherheit auf Niklaus von Flüe zurückgeht.

Es ist die sogenannte «Brunnenvision». Diese Vision erweitert die Frage des Grenzenziehens auf das Soziale. Klaus hatte zusehen müssen, wie armen Leuten durch einen Zaun der Eintritt in den Innenraum eines Tabernakels mit einem gefassten Brunnen verwehrt wurde. Wer dort Wasser holen wollte, musste dafür Geld bezahlen. Die Armen hatten aber keins, die Wächter ließen sie deshalb vor dem Brunnen stehen. – Die «Brunnenvision», nimmt vorweg, was Jahrhunderte später Fallou zu Religionen sagte: Grenzziehungen sind lebensfeindlich und müssen überwunden werden. Klaus beschrieb ein Welt, in der es solche Trennlinien nicht mehr geben würde.

Wo Grenzen abgebaut oder zum Verschwinden gebracht werden, tritt die Wirklichkeit des Lebens in den Vordergrund. Das hat der Philosoph Georg Friedrich Wilhelm Hegel (1770–1831) treffend zum Ausdruck gebracht. Er vertiefte sich in die Wirklichkeit dessen, was ist, und meditierte über das Wegdenken von Urteilen, von denen viele nichts anderes als Vorurteile sind: «Das eigentliche Urteilen über einen Gegenstand ist das Vergleichen seiner Natur oder wahren Allgemeinheit mit seiner Einzelheit oder mit der Beschaffenheit seines Daseins; das Vergleichen dessen, was er ist, mit dem, was er sein soll.» Eine vorurteilsfreie Urteilsbildung überwindet die Gegensätze und erweitert die Wahrnehmung der Dinge. Annahmen werden gegeneinander abgewogen, bis ihre Einseitigkeiten auf einer höheren Ebene verschwinden und neue, grenzüberschreitende Gesichtspunkte am Horizont auftauchen.

Die Grenzen aufhebende Denkfigur Hegels lässt sich sowohl auf Kriege als auch auf Wortgefechte anwenden, auf Rinderzäune und monotheistische und überhaupt Religionen, und sie verändert unser Verhältnis zu Tieren, Pflanzen, Steinen, indem vorschnell gefasste Meinungen abfallen und dem Grenzenlosen des Lebens Platz machen.

2

Die Sache mit der Natur

Das Reden über die Natur – Gaia, Erde, Planet, Planetin – ist ein Reizthema geworden. Der französische Politikwissenschaftler und Philosoph Bruno Latour (1947–2022) forderte einen neuen Diskurs über die Sache, und dies am besten unter Auslassung des streitbaren Wortes «Natur». Durch die «grandiose galileische Erfindung» des naturwissenschaftlichen Denkens seien wir teilnahmslos geworden, was die Erde betrifft, behauptet er in seinem Buch *Das terrestrische Manifest.* Deshalb spricht er statt von der Natur und der Erde vom Terrestrischen, das unseren weltfremden Blick auf die Natur in eine Art Liebe zu «einer endlich von Nahem erfassten Erde» verwandeln kann. Unser Planet habe sich durch eine falsche Diskussion über die Natur vom Terrestrischen entfernt, «weil alles so verlief, als ob die vom Universum aus betrachtete Natur begonnen hätte, langsam an die Stelle der von der Erde aus erschauten Natur zu treten, sie zu überlagern und zu vertreiben.»

Anders als Latour hat der Wissenschaftsjournalist Jan Grossarth (* 1981) kein Problem mit dem Naturbegriff. Für ihn gibt es die Natur schlichtweg nicht. Er meint, sie sei von französischen Philosophen, Jesuiten und deutschen Romantikern erfunden worden und existiere nur in unseren Köpfen. Die Natur – eine Erfindung des Menschen? Auch wenn diese Behauptung vorerst absurd klingt, sie lässt sich nicht so leicht widerlegen.

* * *

Weil es anscheinend tatsächlich Leute gibt, die die Natur leugnen, brauche ich etwas Erholung und beschließe, ins Konzert zu gehen und nicht mehr weiter darüber nachzudenken. Das Boulanger Trio spielt die Uraufführung von *Terra Fluida*, ein Werk von Johannes Maria Staud (* 1974). Sein Stück für Klavier, Geige und Cello verbreitet eine großartige Stimmung im Konzertsaal. In Stauds Komposition geht es um die – Natur. Der Komponist ist anwesend. Der noch recht junge Zeitgenosse hat sein musikalisches Talent hinlänglich bewiesen, Staud komponiert für die großen Säle der klassischen Musik, für namhafte Orchester, Solisten und Stiftungen.

Bevor sie loslegen, erklären die drei nicht nur auf ihren Instrumenten, sondern auch im Reden versierten Musikerinnen ihr Konzertformat: Mit ihren Auftritten wollen sie gute Musik vermitteln und Salonstimmung verbreiten. Dazu holen sie jeweils einen Komponisten der Gegenwart zum Gespräch auf die Bühne. Neben dem Stück, das sie von ihm aufführen, reden sie mit ihm vor dem Publikum über sein Werk, das auf dem Programm steht. Johannes Staud betritt also die Bühne, kriegt ein drahtloses Mikro in die Hand und geht liebevoll auf die Fragen der Musikerinnen ein. Er spricht leichtfüßig und beherzt drauflos. Ich muss mich ein wenig in Geduld üben, schließlich bin ich hierher gekommen, um Musik zu hören, nicht Worte.

Staud sagt, was ihm gerade so einfällt. Die Salonstimmung steigt. Er führt aus, wie er zu seiner Komposition von Johann Joachim Becher (1635–1682), einem vergessenen Forscher zwischen der Alchemie des Mittelalters und der Chemie der Neuzeit, inspiriert worden sei. Becher unterteilte die Erde in eine schweflig brennbare (Terra pinguis), eine flüssig merkuriale (Terra fluida) und eine gesteinsartig kristalline (Terra lapidea). Wie Becher sei auch er, beziehungsweise seine Komposition, schwer zu begreifen, meint Staud und resümiert, Bechers Forschungen hätten ihn sehr inspiriert, auch wenn dessen Theorien über die drei

Erden von der Naturwissenschaft widerlegt seien. Für mich klingt das, was er sagt, wie ein Widerspruch zu dem, was er komponiert hat. In seinem Kopf hält er jene alte Welt des Zusammenwirkens von Sal, Sulfur und Mercurius für abgetan, in seiner Komposition hat er ihr neues Leben einzuhauchen vermocht. Wenn so über Kunst geredet wird, wie Staud es an diesem Abend getan hat, läuft die Sache aus dem Ruder. Der Komponist hat mit Noten ein vibrierendes Kunstwerk geschaffen und es mit Worten auf die Halde des Nihilismus geworfen. «Wenn du geschwiegen hättest, wärst du ein Künstler geblieben», möchte ich Staud im Sinne des alten Boethius (um 480–525) nachrufen.

Zum Glück ist der Redeteil irgendwann vorbei und das Konzert beginnt. Stauds wunderbares Werk belehrt seine Ausführungen eines Besseren, es ist voll lebendiger Wahrheiten, betört die Sinne und den Geist, durchpulst meine Seele mit Wärme, so dass ich bald vergesse, wie ungeschickt der Urheber dieses musikalischen Glückes über die Quelle, aus der es geboren ist, eben noch gesprochen hat.

* * *

Wie andere Universalgelehrte der Vergangenheit gilt auch Johann Wolfgang Goethe (1749–1832) wissenschaftlich als widerlegt. Solche Beurteilungen orientierern sich allerdings an einer Haltung, die ich pseudo- oder quasiwissenschaftlich nennen möchte. Wie sehr bei der Frage nach der Natur die exakt sich nennenden Wissenschaften versagen, hat der Physiker Olaf L. Müller (* 1966), Professor für Wissenschaftstheorie in Berlin, in seinem Buch *Mehr Licht* dargestellt. Er demontiert darin die Goethekritik namhafter Forscher der letzten zwei Jahrhunderte und zeigt anhand von einleuchtenden Experimenten, dass es im alten Streit zwischen Newton und Goethe weder Sieger noch Unterlegene gibt. Laut Müller sind die beiden Theorien gleichwertig aufeinander bezogen.

Goethes Naturphilosophie ist ein ausgeklügeltes System, das eine Reihe faszinierender Experimente in hoch poetischer Sprache zur Darstellung gebracht hat. Bei Goethe gibt es nicht auf der einen Seite die Produkte der Kunst und auf der anderen relativierende Worte darüber, vielmehr sind bei ihm auch die Worte über die Kunst selbst wiederum Kunst.

* * *

Maler haben die Malerei, um sich durch das Malen zum Ausdruck zu bringen, eine Tänzerin tanzt, und der Pianist Grigory Sokolov (* 1950) spielt Klavier. Er tourt durch die Konzertsäle der Welt und spielt seine umjubelten Klavierrezitale. Das Publikum ist ergriffen. Der Künstler verlässt nach dem letzten Stück die Bühne. Mehr gibt es von ihm nicht. Sokolov spricht in der Öffentlichkeit nicht über Musik, auch hat er noch nie ein Interview gegeben.

Ein Bonsai-Gärtner meinte auf die Frage, wie es bei seiner Schneide- und Gartenkunst zu ästhetisch so vollendeten Formen komme: «Ein bisschen du – ein bisschen ich.» Das in diesem kurzen Satz erläuterte Verhältnis zwischen Mensch und Natur hat Goethe in den *Maximen und Reflexionen*, Nr. 1140, ähnlich beschrieben: «Es ist ein angenehmes Geschäft, die Natur zugleich und sich selbst zu erforschen, weder ihr noch seinem Geiste Gewalt anzutun, sondern beide durch gelinden Wechseleinfluss miteinander ins Gleichgewicht zu setzen.»

Naturerkennen heißt Ausgleichsverhältnisse schaffen. Wenn das Verhältnis stimmt, gibt es keine Über- und Unterlegenen. Die Natur möchte, dass wir liebevoll über sie denken und sprechen, gleich ob «terrestrisch» oder «galileisch». Ohne den Flügelschlag passender, aus den Quellen der Kunst geschöpfter Worte bleibt sie stumm.

3

Das dritte Ufer des Flusses

An Gründonnerstag, den 13. April 1865, träumte der amerikanische Präsident Abraham Lincoln (1809–1865), er sitze ohne Ruder in einem Kahn auf offenem Wasser und treibe rettungslos ab. Tags darauf, am Karfreitag, erzählte er seinen Ministern in den Nachmittagsstunden von diesem Traum. Am gleichen Tag ging er abends ins Theater, wo er von einem fanatischen Südstaatler hinterrücks erschossen wurde.

* * *

Wenn ich am Wasser sitze, an einem Bergbach oder an einem ruhigen See, tauchen oft Erinnerungen an Verstorbene auf. Sie melden sich wie von selbst. Wenn das geschieht, stelle ich den Blick auf halbscharf und lausche den leisen Stimmen über den Wassern.

Lew Tolstoi (1828–1910) verfasste als alter Mann seine *Lebensbeichte*. Er habe als junger Adliger gelogen und betrogen, Frauen verführt und exzessiv getrunken, schreibt er in diesem Bericht, und er habe Männer zum Duell gefordert, nur um an ihnen seine Lust zu stillen. Der vom russischen Volk wie ein Heiliger verehrte Dichter mit dem weißen Bart lässt sein Bekenntnis in eine Parabel auslaufen. Er sieht sich in einem wackligen Boot vom Ufer ins Wasser absetzen. Im Gepäck ist noch ein Rest Gottesglauben verstaut, doch sonst hat er nichts mehr. Trotz des Glaubens scheint er verloren zu sein, das Ruder ist zu schwach, um gegen die Strömung anzukämpfen, die Fluten tragen den Sünder davon. Er sieht unterwegs Boote, die führungslos an ihm vorbeiziehen und abtreiben. Einige rudern gegen den Strom, andere entschwinden unter Jubelrufen flussabwärts in die Ferne. Tolstoi lässt das Ruder los und sieht zu, wie sein Boot auf eine Stromschnelle zusteuert: «Da schaute ich zurück und erblickte die zahllosen Kähne, die unaufhörlich mit Hartnäckigkeit die Strömung durchschritten, erinnerte mich des Ufers, der Ruder und der Richtung und begann zurückzurudern, den Strom hinauf und dem Ufer entgegen. Das Ufer war Gott, die Richtung war die Überlieferung, die Ruder waren die mir gegebene Freiheit, mich zum Ufer durchzuarbeiten, mich mit Gott zu vereinigen.»

Anders als Tolstoi und Lincoln, ist Imre Kertész (1929–2016) ein echtes Kind des gottfernen 20.

Jahrhunderts. Als Fünfzehnjähriger wird er nach Auschwitz verschleppt – er überlebt. Sein *Galeerentagebuch* ist in drei Erzählblöcke gegliedert. «Fährt hinaus aufs offene Meer», lautet Teil eins. «Treibt zwischen Klippen und Sandbänken», heißt der Mittelteil, und über dem Schlussteil steht: «Lässt los das Steuer, holt herein die Ruder, ist glücklich». – Was heißt «ist glücklich»? Was heißt das bei Imre Kertész?!

Das literarische Werk des Nobelpreisträgers dreht sich um den Untergang der europäischen Kultur. Es betont unermüdlich, dass eine menschliche Zukunft nur durch die Überwindung dieses Untergangs möglich sei. Lew Tolstoi hatte in der Not seinen Gott, für Imre Kertész gibt es nur noch ein utopisches Glück in der Ferne.

* * *

Der brasilianische Großmeister des Erzählens, João Guimarães Rosa (1908–1967), führt das Thema des Schiffbruchs als Metapher für das menschliche Leben ad absurdum. In der Erzählung *Das dritte Ufer des Flusses,* die 1968 in deutscher Übersetzung unter dem gleichen Titel erschienen ist, bemüht Rosa nicht mehr einen Gott und er kümmert sich auch nicht um das schmale Glück der Überlebenden, wie dies Tolstoi und Kertész noch getan haben, sondern Rosa zielt direkt auf die menschliche Seele ab und die scheint unerlösbar zu sein.

Die portugiesischen Seefahrer, auf die sich Rosa bezieht, hatten ein Lieblingswort, das gleichzeitig ihr Zauberwort war: «Saudade». Wir übersetzen das unübersetzbare Wort mit «Sehnsucht». Das Seefahrervolk an der Meeresküste begann vor über fünfhundert Jahren als erste Nation der Welt, sämtliche Weltmeere zu befahren. Saudade, diese Mischung aus Fernweh, Heimweh und unerfüllbarer Liebessehnsucht, ist das Synonym für den rasenden Weltschmerz, den Heinrich der Seefahrer (1394–1460) in der Seele trug und deshalb zu den portugiesischen Entdeckungsfahrten aufrief, die er von der Küste aus verfolgte.

In Südamerika gibt es die «Brasilidade», sie ist mit der «Saudade» verwandt und ebenfalls unübersetzbar. Brasilidade baut auf dem Lebensgefühl der portugiesischen Seefahrer auf, bezieht sich jedoch auf das Lebensgefühl der Menschen in Brasilien, eine Mischung aus hybrider Sehnsucht, tiefem Heimweh und einem überall lauernden Abgrund der Seele. – Wenn ich an fließenden Bächen und Flüssen sitze oder am Ufer von Seen oder Meeren, erfüllt mich eine Ahnung dessen, was Brasilidade sein mag.

In Rosas Erzählung geht es um einen Vater, der sich eines Tages ein Kanu von Fachmännern bauen lässt, «gerade breit genug für den Ruderer», und aus einem Holz, «geeignet, seine zwanzig oder dreißig Jahre im Wasser auszuhalten». Der Sohn, der die Geschichte erzählt, beobachtet, wie sein Vater, nachdem das Kanu fertig ist, den Hut aufsetzt und allen Familienmitgliedern der Reihe nach adieu sagt. Seine Frau, die in der Familie das Sagen hat, steht schlohbleich da und zischt: «Geh, bleib weg, komm nie wieder!» Der Vater lässt ihre Worte ohne Erwiderung stehen, wendet sich dem Sohn zu, eigentlich noch ein Kind, und gibt ihm den Segen. Dann geht er ans Flussufer und legt ab. – Und bleibt für immer auf dem Wasser. Der Junge sieht ihn gelegentlich in der Nähe des Ufers. Der Vater bleibt auf Sichtweite, fern von zu Hause, und lebt auf dem langsam dahinziehenden Strom. Spricht fortan kein Wort mehr mit Menschen. Lebt lange so auf dem Wasser, für die Familie unerreichbar. Ob kalte Regennächte oder sonnenversengte Sommertage, er weiß «auf der Fläche des Flusses zu verharren, zwischen einer Hälfte und der anderen, immer in seinem Kanu, um nicht auszusteigen, nie mehr». Tag und Nacht ist der für die Familie verlorene, vom Jungen beobachtete, insgeheim geliebte

Vater auf dem Fluss, «einsam, einsiedlerisch». Die Mutter gibt sich vernünftig, auch wenn sie nichts von all dem versteht. Die Nachbarn reden von Wahnsinn. Wie kann einer so leben? Am dritten Ufer des Flusses?

Friedrich Nietzsche (1844–1900) notierte einmal: «Es gibt noch eine andere Welt zu entdecken – und mehr als eine! Auf die Schiffe, ihr Philosophen!» Aufbruch und Schiffbruch sind nah beieinander. Im Buch *Schiffbruch mit Zuschauer* untersucht der Kulturphilosoph Hans Blumenberg (1920–1996) die abendländische Geschichte der Schiffbruchmetapher. Rosa kommt darin nicht vor, seine Erzählung hat diese Metapher gesprengt. Am dritten Ufer des Flusses gibt es keine Zuschauer mehr – und kaum noch Gedanken. Liegt etwa am dritten Ufer die ferne Freiheit jenes Glücks, von dem Präsidenten, Dichter und Philosophen träumen?

4

Wenn die Welt kopfsteht

Etwa die Hälfte der Menschheit steht auf dem Kopf, auch dann, wenn nichts Außergewöhnliches passiert.

Wir hatten unsere Reise nach Übersee lange im Voraus geplant. Wir hatten unsere ganze Energie nach vorn gerichtet und verboten uns, an ein Misslingen des Unternehmens auch nur zu denken. Eine Rücktrittsversicherung kam nicht in Frage, doch genau eine solche hätten wir abschließen sollen. Mein Bruder, als Flugzeugkapitän von einem Endpunkt der Welt zum anderen unterwegs, mag über unsere Reisevorbereitungen geschmunzelt haben, für uns war die Beschaffung von Rollkoffern, Augenblenden, Genickpolstern und das Einholen von Informationen über die Frage, in welchen Mengen wir Joghurt und Bienenhonig mitnehmen durften, ein Abenteuer: Wir hatten wochenlang heiteren Stress. Als uns der Flug dann durch höhere Schicksalsfügung vermasselt wurde, waren wir zwar enttäuscht, aber irgendwie auch erleichtert. Plötzlich *muss* nicht mehr sein, was nicht sein *kann*, und es ist gar nicht so schlimm. –

Zur Ablenkung wandte ich mich wieder einmal der Kunst zu und ging in eine Kunstausstellung ins Fridericianum. Rachel Rose (* 1986), ein Jungstar der Videokunst, zeigte eine Mischung aus Realität und Fiktion, Innenraum und Außenwelt, Leben und Sterben. Raum und Zeit wirken in ihren Arbeiten ineinander, und da, wo für uns alles normal zu sein scheint, ist bei ihr alles ein bisschen anders. Die Ausstellung passte zu meinem Lebensgefühl – und zu dem unseres alten, inzwischen ziemlich wackligen Nachbarn, der auf dem Grundstück neben unserem Haus seinen Garten pflegt. Er kam kürzlich verstört auf mich zu, es war mittem im schönen Mai 2020. Er blieb zwei Meter vor mir am Gartenzaun stehen. «Wir leben in einer Zeit, wo man sich nicht die Hand geben darf», sagte er deprimiert, «und wo die Leute wieder mit Gesichtsmasken rumlaufen wie im Krieg, und es gibt auch wieder Hamsterkäufe.» Den Garten hatten einst seine Eltern gekauft. Kurz danach kam der Krieg und sie konnten ihre Idee, auf dem Grundstück ein Haus zu bauen, nicht mehr verwirklichen, nie mehr. Und so geht der Nachbar seit achtzig Jahren fast jeden Tag in diesen Garten ohne Haus, mäht ein bisschen Gras, schneidet wie ein Friseur die Kronen der Apfelbäume und bepflanzt im Frühling die Beete mit den immer gleichen roten Azaleen vom Baumarkt. Übrigens heißt der Wipfel eines Baums auf Lateinisch «Corona» und wie bei manchen Baumkronen ist auch bei Coronaviren ungeklärt, welchen Geschlechts der oder das Virus ist. Die Corona eines Baumes kann, wie schon der Philosoph Platon (428–348 v. Chr.) dargestellt hat, als ein in den Kosmos gestrecktes Wurzelwerk betrachtet werden.

Unser Nachbar steht immer noch vor mir, kommt nicht näher und will auch nicht wieder weg. Er gehe ganz normal einkaufen, sagt er, «und Mundschutz trage ich keinen, das erinnert mich zu sehr an die Gasmasken im Krieg, das mache ich nicht mehr». Da steht er, alt und verletzlich, und blickt traurig über den Gartenzaun – verloren auf dieser Welt wie der kleine Prinz im gleichnamigem Buch von Antoine de Saint-Exupéry (1900–1944).

Rachel Rose saß eines Tages, noch Kunststudentin an einer amerikanischen Hochschule, im fahrenden Auto und hörte im Radio eine Sendung über einen Astronauten. Sie war von seinen Aussagen so angetan, dass sie den Kontakt mit ihm suchte und ein längeres Telefongespräch mit ihm führte, das dann zur Grundlage ihrer Videoinstallation *Everything and More* wurde. *Zeit Online* berichtete am 4. Dezember 2019 über diese Installation: «Die üblichen Denkmuster der Gegenwart, geprägt von großer Polarisierung, werden bei ihr auf geradezu schwindelerregende Weise aufgehoben. Sie lässt ihre Kamera tief hinabtrudeln in eines dieser Schwimmbecken, in denen Astronauten lernen, wie man sich in der Schwerelosigkeit bewegt.» Ich trudelte ebenfalls, und zwar in die unentzifferbaren Botschaften der Kunst, und sah mich plötzlich auf der anderen Seite der Erde, wo hinzureisen vor noch nicht so langer Zeit unser Ziel gewesen war und wo wir wegen der schwindelerregenden Zeit, in der wir leben, nicht hinkamen.

Den akkustischen Hintergrund der Installation bildet die schwer verständliche Stimme des Astronauten am Telefon. Seine Erzählung kommt einer neuen Sinneslehre gleich, wenn er berichtet: «Als ich nach 128 Tagen im Weltraum wieder zur Erde zurückkam, dachte ich zuerst, ich hätte mein Leben ruiniert. Einfach nur das Laufen, ich machte ein paar Schritte aus der Raumfähre hinaus und entschied mich dann, dass … ich legte mich auf die Liege und ließ mich wegtragen, weil die Schwerkraft sich so schwer anfühlte, meine Armbanduhr fühlte sich an wie eine Bowlingkugel an meinem Arm. Das Gewicht deines eigenen Körpers ist überwältigend. Sogar meine Ohren fühlten sich schwer am Kopf an. Aber einige Sinne sind geschärft. Zum Beispiel sind die Luftreinigungssysteme im Weltraum so effektiv, dass es nur sehr wenige Gerüche gibt. Die Filter sind so gut. Und wenn die Tür, also die Klappe der Raumfähre, geöffnet wird, ist man überwältigt vom Geruch des Grases und der Luft … Deine Sensibilität ist viel größer … Also ist es schwierig, gerade zu laufen, es ist schwierig, einfach durch eine Tür hindurchzugehen, weil dein Gleichgewichtssystem so auf den Weltraum eingestellt ist, es ist schwierig zu navigieren, wenn man durch eine Tür hindurchgehen will. Man neigt dazu, ziemlich hin- und herzuschwanken. Wenn du deinen Kopf neigst, zum Beispiel nach rechts, fühlt es sich an, als würde sich dein Körper schnell nach links bewegen. Du hast also all diese Empfindungen von Beschleunigung und Gewicht, die irgendwie ziemlich überwältigend sind, nachdem man so lange im Weltraum war. Sich wieder an die Erde zu gewöhnen ist sogar schwieriger, als sich an den Weltraum zu gewöhnen.»

Auch was der Astronaut, dessen Namen wir nicht erfahren, sonst noch alles erlebt hat, schildert er in ergreifenden Tönen. Sein Bericht endet mit einer Beschreibung, die wir ähnlich auch von anderen

Weltraumfahrern kennen: «Ich dachte, ich würde halluzinieren. Ich konnte es nicht glauben, dass das, was ich sah, die ganze Erde war, und dass sie diese Farben hatte, die ich noch nie zuvor gesehen hatte: diese Pastelltöne, die Helligkeit, die Dunkelheit und Farben, tiefe Blau- und Grüntöne in den Ozeanen, auf dem Land, und ich hatte keine Vorstellung davon, dass die Erde fast wie ein anderes Raumschiff aussieht, lebendig mit Vegetation und Wasser, sie sah aus wie ein im Dunkeln schwebender Juwel.»

Von mir aus betrachtet steht die Hälfte der Menschheit andersherum im Kosmos. Die Videos von Rachel Rose, ihre Bildsprache und die Stimme des Astronauten vermitteln dieses Gefühl jedem Menschen, gleich wo er gerade steht auf der Erde. Wir bräuchten uns nicht als Touristen ins Universum katapultieren lassen – wir sind mitten in ihm drin.

5

Frau van Beethoven?

Ich sitze am PC. Es macht plink. Ein Fensterchen oben rechts auf dem Bildschirm zeigt eine neue Mail an. Es ist die Sachbearbeiterin meiner Krankenkasse. «Sehr geehrte Frau van Beethoven, vielen Dank für Ihre Anfrage», lese ich erstaunt, «bitte entschuldigen Sie die verspätete Antwort.» Ich – Frau van Beethoven? Es macht erneut plink – eine weitere Mail. Die Sachbearbeiterin entschuldigt sich, die Mail von vorhin sei nicht für mich bestimmt gewesen, «sorry».

Am gleichen Tag gehe ich nachmittags auf die Post, um Briefmarken zu kaufen, solche kleinen Dinger brauche ich auf Vorrat, ich schreibe noch echte Briefe. Vor dem Postschalter im hinteren Bereich des Reformhauses bei uns um die Ecke stehe ich in der Warteschlange. Als ich an der Reihe bin, verlange ich drei Zehnerbögen, lege das Geld passend auf die Theke, gehe mit den Briefmarkenheftchen etwas auf die Seite und stecke sie in den Geldbeutel. Da höre ich, dass der Mann, der hinter mir dran ist, ebenfalls Briefmarken will. Die Frau hinter dem Tresen fragt: «Beethoven oder Blümchen?» Er sagt «Beethoven» und kriegt für den gleichen Preis Briefmarken, die doppelt so groß sind wie meine biederen Blümchen: Ludwig van Beethoven (1770–1827) mit Sturmfrisur, knallblau, sein großer Kopf, ganz so, wie Helge Schneider ihn einmal beschrieben hat. – «Sogar die Deutsche Post feiert in diesem Jahr Beethoven, aber mich fragt niemand», denke ich unwirsch und verlasse leicht verärgert das Reformhaus.

Auf dem Nachhauseweg komme ich ins Grübeln. Frau van Beethoven und dann die mickrigen Blümchen statt der repräsentativen Briefmarken, wie sie der Mann hinter mir ergatterte? Was kümmert mich dieser Beethoven? Was soll das mit seinem Geburtstag? Ich liebe seine Werke, die Klavier-, Geigen- und Cellosonaten, die Symphonien, seine späten Streichquartette. Auch Beethovens Biografie gefällt mir, ein Genie, und dann das Drama mit seinem schwindenden Gehör, die große Einsamkeit, sein Rebellentum und 20.000 Menschen bei seiner Beerdigung, das alles ist umwerfend, da ist ein Beethovenjubeljahr schlichtweg überflüssig. Stellt nicht das Abfeiern von Geburtstagen die Größe der Gefeierten sogar in Frage? Beethoven gehört für mich zu den Großen, nicht nur in diesem Jahr. Da sind die Beethovenbriefmarken, die ich in meinem Vorrat zwar vermissen werde, doch eigentlich ein Witz.

Die Frau von der Krankenkasse wollte mich bestimmt nicht ärgern, die Bedienung am Postschalter auch nicht. Doch es macht den Anschein, dass mir heute so richtig bewusst gemacht wird, dass ich nichts mit Beethovens 250. Geburtstag zu tun haben will. Sie bringen mich tatsächlich in Rage, diese auf das Dezimalsystem heruntergebrochene Schrullen, die als Kulturevents verkauft werden. Andere Kulturen kommen ohne diesen Stress aus, doch in unseren Breitengraden wird man von Kindesbeinen an mit solchen Systemen gequält.

* * *

Ich habe vor einigen Jahren einen Selbstversuch mit runden Geburtstagen gemacht. Um die Jahrtausendwende habe ich mich hintereinander mit Goethe, Nietzsche und Novalis (1772–1801) beschäftigt. Goethe hatte 1999 das erste Viertel eines Jahrtausends hinter sich, das Jahr 2000 war Nietzsches hundertstes Todesjahr, und 2001 war das zweihundertste Todesjahr von Novalis. In drei dicken Büchern mit insgesamt weit über tausend leeren Seiten schrieb ich während dieser drei Jahre täglich über die genannten Jubilare. Danach war bei mir endgültig Schluss mit Feierstimmung. Ich war durch mein einsames Tun inzwischen so weit von der Gesellschaft abgerückt, dass ich jedesmal zusammenzuckte, wenn ich einen dieser Namen hörte. War ich gerade dabei, verrückt zu werden?

Seit dieser Erfahrung bestimme ich selber, welche Kulturikonen ich wann wie feiere. Ja, es gibt durchaus zu feiern. So war 2019 mein ganz persönliches Landauer Gedenkjahr. Gustav Landauer (1870–1919) gehört zu den großen Vergessenen der Geschichte – als Mensch, als Schriftsteller, als Politiker. Sein Leben und sein Werk sind Meilensteine der deutschen Kultur. Landauer lebte für seine großen Ideen und bewies auch in wilden Zeiten Vernunft und Besinnung. Kriege und Revolutionen waren für ihn unter keinen Umständen eine Option, niemals. Deshalb war er noch lange kein Pazifist.

Einer seiner besten Freunde, Martin Buber (1878–1965), der gefeierte Philosoph und Prophet der dialogischen Begegnung, erlag in den ersten Jahren des 20. Jahrhunderts der Verführung, den Krieg zu bejahen. Er glaubte ein Zeit lang, die Menschheit in Europa könne nur noch durch einen großen Krieg geläutert werden. Buber sprach wie viele Künstler und Philosophen seiner Zeit. Landauer fuhr ihm, als er dessen Gedanken zum Krieg vernahm, streng in die Parade und schimpfte ihn kurzerhand «Kriegsbuber», eine Bezeichnung, die Buber tief verletzte und in seinem Innersten erschütterte. Er ließ sich von Landauer eines Besseren belehren und kam zur Besinnung. Gustav Landauer, Goethe- und Shakespearekenner, Menschenfreund, Essayist und Pädagoge, der nach der gewaltsamen Niederschlagung der Münchner Räterepublik im Mai 1919 auf grausame Art ums Leben gekommen ist, hätte im Jahr seines hundertsten Todestages eine Würdigung verdient – von mir hat er sie bekommen.

Wenn es Geburtstage von großen Gestalten zu feiern gilt, sind unserer Phantasie keine Grenzen gesetzt. Die Feste fallen genau so, wie wir das wollen. Heitere Subjektivität ist gefragt. Wie wär's, wenn wir etwa Joseph Beuys ein Jahr *vor* seinem hundertsten Geburtstag feiern würden, also 2020 und nicht erst 2021? Na ja, das ist jetzt ein mittelgutes Beispiel, denn angesichts seiner vielen tausend Bäume und Basaltsteine haben wir hier in Kassel permanent Beuysgeburtstag. Doch nicht nur ich, auch das Staatstheater Kassel, das just in diesem Jahr Beuys eine besondere Ehre gibt, kommt auf eigentümliche Gedanken. Es soll in Bälde einen coronaresistenten Joseph-Beuys-Parcours quer durch die Stadt geben, so die Verantwortlichen des Staatstheaters. Geplant ist eine vierstündige Wanderung von der Kunsthochschule über die Karlsaue zum Fridericianum, dem Hauptgebäude der *documenta*. Bei dieser Wanderung werden Themen bewegt, die schon Joseph Beuys berührt hat - Kunst, Natur, Pädagogik, Geld, Politik, Tod. Die Themen sollen szenisch und performativ zur Darstellung gebracht werden, im Wechsel mit Podiumsgesprächen und Audiowalks. Das vom Kasseler Theater ausgerichtete, tatsächlich um ein Jahr vorgezogene Beuys-Geburtstagsfest erinnert auch an Henning Christiansen, Johann Wolfgang Goethe, Petra Kelly, Novalis, Erik Satie, Caroline Tisdale und Andy Warhol, nahe und entfernte Referenzgrößen zu Beuys – die Feierlust des Staatstheaters lädt zur Nachahmung ein.

6

Der Himmel über uns

Jeweils zum Frühjahrsbeginn kehren die ersten Zugvögel aus dem Süden zurück. Spätestens beim Rufen der Kraniche gibt es kein Halten mehr – wir stürmen vor die Haustür und winken den Vögeln zu und rufen ihnen Glück hinterher. Doch der Höhepunkt der gestaffelten Rückkehr sind für mich jedes Jahr die Mauersegler. Wenn ich endlich wieder ihr wildes *sriehh, sriehh* höre, wird mir die Seele leicht.

In diesem Jahr ist alles anders am altgewohnten Himmel. Es ist so still, dass ich sogar den Flügelschlag der Vögel über Kassel höre. Die Flugzeuge bleiben auf dem Boden. Statt Kondensstreifen überall freie Sicht in den Kosmos. 1987 kam der Film *Der Himmel über Berlin* von Wim Wenders (* 1945) in die Kinos. Jetzt, durch den weitgehenden Stillstand der flugtechnischen Infrastruktur, erleben wir einen neuen Himmel über der ganzen Erde. Unsere alte Nachbarin, die als Mädchen noch den Krieg miterlebte und exakte Erinnerungen an das Wetter damals hat, sagte kürzlich, einen solchen Himmel wie jetzt habe sie seit dem Krieg nie wieder gesehen.

Andrei Bolkonski, eine Hauptfigur in Tolstois Roman *Krieg und Frieden* entdeckte den Himmel über sich, als er in der Schlacht von Austerlitz schwer verletzt und mit dem Gesicht zum Himmel auf dem Kampffeld liegenblieb. Das Gefühl des nahen Todes entrückte ihn in die Sphäre des über ihm sich wölbenden Raums – und ein überirdisches Glück erfüllte sein Herz.

Die Magie eines von der Aura des Magischen umgebenen Himmelsgeschehens hat unserem Alltagsbewusstsein lange gefehlt. Doch nun ist der Himmel mit all seinen atmosphärischen Geheimnissen, mit seinen Farben und flimmernden Luft- und Lichtschichten, mit seiner Stille und Größe zurück. Und dies in einer Zeit, wo Millionen Menschen durch die Isolation Mangel leiden und sich, statt den Salzgeruch dieses neuen Himmels wahrzunehmen, in ihre Zimmer verkrochen haben, um miteinander zu skypen.

Der technische Begriff «skypen» erinnert an den Himmel (Sky) und könnte mit «himmeln» ins Deutsche übersetzt werden, doch «skypen» geht auf das internetbasierte Kommunikationsangebot «Skype» zurück, das seit 2003 der Firma Microsoft gehört.

Dieser digitale Service baut seine Angebote permanent weiter aus, denn die ganze Welt greift zu Bildtelefonie, Videokonferenzen, IP-Kommunikation, Instant-Messaging und Screen-Sharing, sowohl in der Wirtschaft und in der Politik als auch in der Kunst, bei Dienstleistungen und im Privatleben, in Schulen und teilweise sogar in Kindergärten. Für viele ist das der neue Himmel auf Erden. Ich hab's nicht so mit dem Skypen und schaue lieber in echt in den Himmel hoch, analog.

Seit nichts mehr los ist da oben, ist da richtig was los. Neue, in Wirklichkeit uralte Phänomene schmücken unseren Himmel. Kehrt etwa die Romantik zurück? Worte wie Entfernung, Licht, Witterung, Schleier oder Wolkengeschehen haben wieder ein kräftiges Aroma, ganz anders als noch vor einem halben Jahr. Wir können wieder die ziehenden Wolken beobachten, wie damals der Erfinder der Meteorologie, Luke Howard (1772–1864). Wenn wir so wollen, war er der erste Mensch, der die Kumulus-, Stratus- und Zirruswolken über uns sah. Während der Himmel im Mittelalter noch als Goldgrund gemalt wurde, machte ihn der Romantiker Howard zum Forschungsobjekt und teilte die Wolken in verschiedene Klassen ein.

Howards gleichgesinnter Zeitgenosse John Constable (1776–1837) etablierte um das Jahr 1800 herum die Landschaftsmalerei. Auf Constable geht der Begriff «Skying» zurück. Dieses Wort ist eine englische Neuschöpfung des Malers und hat weder etwas mit Skypen noch mit Skifahren («Skiing») zu tun. Constable verstand unter «Skying» das Festhalten der atmosphärischen Phänomene am Himmel. Er betrieb «Wolkenkampagnen», wie er es nannte, und malte minutiös festgehaltene Himmelsskizzen, farbig, mit Bleistift, in verschiedensten Techniken. Jede dieser Studien versah er, Künstler und Wissenschaftler in einem, mit Ort, Datum und Uhrzeit.

Der Himmel über uns und der Himmel in uns und dann vor allem die Beziehung zwischen ihnen, die den Romantikern so sehr am Herzen lag, verlangt die direkte Begegnung mit der Natur. Dieses Geschehen erschließt sich uns durch übendes «Skying» im Sinne von Constables Freiluftmalerei. Skypen und andere digitale Behelfe sind kein Ersatz für dieses naturnahe Tun. Die digitale Revolution schafft Verbindung aber nicht Kontakt, sie perfektioniert den Informationsaustausch aber nicht das Austauschgeschehen zwischen Himmel und Erde. Kontakt ist Begegnung in Form von Analogizität, er braucht eine die Sinne anrührende Haptik und fordert die Sinnlichkeit unseres ganzen, ganz normalen Lebens.

In dem Moment, wo wir Verbindung mit Kontakt gleichsetzen oder sie gar dem Kontakt vorziehen, machen wir uns unglücklich. Was wir bis ins Herz hinein an Farben und Formen, an Überwölbungen und Lufträumen beim Anblick des in letzter Zeit so sauberen Himmels erleben und fühlen, lässt sich nicht als technische Verbindung weiterleiten. Ich kann meine Freunde darüber informieren, dass ich in diesen Wochen mehr denn je das Himmelsgeschehen beobachtet und dadurch mein Verhältnis zur Welt erneuert habe. Bei solchen Mitteilungen muss ich damit rechnen, dass am anderen Ende der Leitung wenig Verständnis für mich da ist. Mit Einsicht sollte ich schon gar nicht rechnen, auch nicht damit, dass ich eine Weisheit weitergeben oder gar mein *Herz* verschenken konnte.

Wolkenkampagnen sind erwas anderes als Internetkampagnen. Das Kontinuierliche, Fließende, Wellenartige und Herzergreifende, das mich angesichts des neuen Himmels beseelt, ist ein unaussprechliches Naturgeschehen und keine technische Verbindung. Es korrespondiert direkt mit den Lichträumen in meinem Inneren.

* * *

Der amerikanische Ökophilosoph David Abram (* 1957) legte in einem Workshop, den ich in Berlin bei ihm besuchte, einmal ein Bekenntnis über sein Intimleben ab. Er lebe in einer «erotischen Beziehung mit der Schwerkraft», gab er uns strahlend preis. Der promovierte Philosoph, der bei Schamanen in Indonesien und Nepal lebte, beeinflusste mit seinem Buch *The Spell of the Sensuous* (2012 unter dem Titel *Im Bann der sinnlichen Natur* auf Deutsch erschienen) maßgeblich die Ökologiebewegung in den USA. In seinen Seminaren konfrontiert er uns mit der Naturentfremdung, die uns vom Leben trennt. Doch er lamentiert nicht, sondern er spielt. Nachdem er seine erotische Beziehung zur Schwerkraft bekannt hatte, sprang er strahlend hoch, umarmte die Luft und machte für einen Augenblick den Eindruck, als glaube er wie ein Kind daran, fliegen und für immer über dem Erdboden schweben zu können – analog.

7

Im Kreuzfeuer von Statistiken

Mein Bergsteigerblick wehrt sich instinktiv gegen Fotos, etwa das von der Eiger Nordwand, auf dem sämtliche Todesopfer, die diese Wand gefordert hat, eingezeichnet sind, mit der Pointe, dass die meisten tödlichen Unfälle im oberen Drittel passiert sind. Das widerspricht dem Gefühl eines Kletterers. Denn er hat die Erfahrung verinnerlicht, dass diejenigen den Gipfel eines schwer besteigbaren Berges erreichen, die sämtliche Schlüsselstellen hinter sich haben. Am Eiger sind diese im unteren Wandbereich, deshalb müssten die meisten Todesfälle dort unten passiert sein, nicht oben in Gipfelnähe, wo das Klettern leichter ist.

Vielleicht lassen sich Bergsteiger nicht so leicht von Zahlen irritieren, sie haben das Gefühl, Unmögliches zu schaffen, also müsste es auch möglich sein, einer Statistik widersprechen zu können. Vermutlich aber beweist genau dieses Foto, durch das Statistiken bequem erfassbar sind, was manchmal nur sehr schwer in den Kopf geht. Des Rätsels Lösung mit dem Eigerfoto und den Kreuzen lautet:

Oft ist beim Klettern Müdigkeit die Todesursache – und die nimmt mit der Länge einer Tour zu.

* * *

Im Film *Werk ohne Autor* sitzt in der Düsseldorfer Kunstakademie ein Student in der Vorlesung jenes eigenwilligen Professors mit Filzhut und Anglerweste, in dem unschwer Joseph Beuys (1921–1986) zu erkennen ist. Beuys spricht über den Bildhauer Wilhelm Lehmbruck (1881–1919), unterbricht plötzlich die Vorlesung und fragt unvermittelt in die Runde: «Hat irgendjemand von euch eine Erkenntnis gehabt diese Woche? Eine Einsicht, die er mit uns teilen möchte?» Nach einer längeren Stille meldet sich ein ostdeutscher Student. Er verkörpert den Maler Gerhard Richter (* 1932) in jungen Jahren. «Lottozahlen», ruft er. Im Raum ertönt Gelächter. «Ne, wirklich», sagt er und sucht in der Zeitung des Kommilitonen neben ihm die Lottozahlen der Woche heraus: «Wenn ich jetzt zufällige Zahlen nenne», fährt er fort, «5, 7, 21, 29, 44, 11, ist das doof. Aber wenn ich die Gewinnzahlen der Lottoziehung vorlese, 2, 17, 19, 25, 45, 48, ja dann haben die irgendwie was Wahres, Zwingendes, ja etwas Schönes.» Erneutes Gelächter. Der Student hält inne, überlegt kurz, und sagt noch: «Ja, das war meine Einsicht.» Und schweigt. – Beuys ist von den Ausführungen des Studenten bewegt und erklärt die Stunde für beendet. Die Zuhörer verlassen verunsichert den Hörsaal.

Wie Millionen andere, spielte ein Bekannter von mir als junger Mann Woche für Woche Lotto. Er kam am Morgen nur schwer aus dem Bett, fand nicht so recht ins Tun, hatte lange den Traum vom schnellen Geld und war einsam. Später wurde er Krankenpfleger. Mit seinem bescheidenen Gehalt unterstützte er einen jungen Studenten in Indien. Manchmal wünschte er sich ein schickes Auto. Einmal nahm er sich vor, der Pflegeabteilung, auf der er arbeitete, eine richtig gute Kaffeemaschine zu schenken. – Dann gewann er einen Sechser im Schweizer Lotto und war reich. An seinem Leben änderte sich fast nichts. Den Wunsch mit dem Traumauto ließ er fahren, die Leute hätten ja doch nur gesagt, jetzt, wo er zu den Reichen gehört, muss er protzen. Das brauchte er nicht. Ob er der Pflegeabteilung je eine Kaffeemaschine schenkte, weiß ich nicht mehr.

Immer wieder wird von Lottogewinnern berichtet, die sich dem Leichtsinn ergeben und durch Ausschweifungen ihr Leben ruinieren. Lottomillionäre erleben durch den plötzlichen Reichtum anscheinend nur in Ausnahmefällen eine nachhaltige Lebensverbesserung. Für sie offenbart der geknackte Jackpot oft nicht die Wahrheit, die der junge Gerhard Richter in den Lottozahlen sah, sondern das Zwanghafte, dem sie früher oder später erliegen.

Wenn sich Zahlen über unser Leben stülpen, als hätten sie unser Schicksal in der Hand, ja wenn Zahlen, wie dies seit der Aufklärung in unseren Zivilgesellschaften der Fall ist, oft über den höheren Sinn unseres Lebens entscheiden, dann sind sie nicht mehr Sinnbild für das Wahre, Schöne und Gute, sondern das Gegenteil davon. Dann greifen sie ungefragt in unsere Lebensführung ein und verlinken uns mit Algoritmen, die zu statistisch begründeten Handlungen führen. Das verringert die Lebensqualität und geht außerdem auf Kosten der Kreativität. Die Sicherheit, die mir ein selbst ergriffener Lebensweg geben kann, macht Zahlen und Prognosen Platz, denen ich freiwillig die weitere Gestaltung meines Lebens überlasse.

* * *

Heute leben viele Menschen mit den Folgen einer Borreliose. Bei ihnen stehen die Möglichkeiten zur kreativen Lebensgestaltung nicht selten im Widerspruch zu einer weiteren Ansteckung durch giftige Zecken. Wer einmal durch diese kleinen Biester infiziert wurde, ist für das ganze weitere Leben angezählt. Borreliosepatienten haben allen Grund, Wiesen, Hecken und Wälder zu meiden, um einer weiteren Infektion aus dem Weg zu gehen. Mit Borrelien ist nicht zu spaßen. Manchmal denke ich, wenn weltweit so viel über Zecken geforscht würde wie über Viren, wüsste ich so viel Schreckliches über diese so schon in Verruf stehenden Tierchen, dass ich verrückt werden könnte. Angesichts der Tatsache, beim nächsten Naturkontakt mit so und so hoher Wahrscheinlichkeit von so und so vielen Zecken gebissen zu werden, von denen wiederum so und so viele eine Borreliose übertragen könnten, dürfte ich nie wieder in die schöne freie, aber eben auch gefährliche Natur.

Zwar bin ich vorsichtig, doch ich lasse mir weder Wiesen noch die Natur im Allgemeinen verbieten. Ich halte es nicht mit denen, die uns seit zweihundert Jahren mit Zahlen und Fakten einschüchtern. Was meinen Umgang mit Zahlen angeht, nehme ich mir die Romantiker zum Vorbild, beispielsweise Novalis. In seinem Gedicht *Wenn nicht mehr Zahlen und Figuren* stellt er die Wirkkraft des Spieltriebs weit über diejenige von Zahlen. Er imaginiert eine

Welt, in der es auf uns Menschen als Künstler ankommt. Novalis liebte die Wissenschaften, vor allem die Mathematik. Dennoch stellte er sich eine Zukunft vor, in der das tiefe Wissen der Künstler höher eingestuft wird als das mathematisch wissenschaftliche Wissen. Diese Vision hat Joseph Beuys 150 Jahre später zu einer Gesellschaftstheorie ausgebaut. Novalis stand dafür Pate, denn Beuys hat sein Werk gründlich studiert, wenn er schrieb, die Veranlagung zur Kreativität könne «den Künstlern zugesprochen werden. Was sie, jeder auf seine Weise und sein Betätigungsfeld betreffend, verinnerlicht haben, ist jedem Menschen zu verinnerlichen gegeben. Fast jeder Mensch ist in geringem Grad schon Künstler.» – Beuys verdichtete diesen Gedanken zur Formel *Jeder Mensch ist ein Künstler*, ein Motto, das auf den Einzelnen setzt, der mit seiner Kreativität ein Leben entfaltet, das im Einklang mit Platons Ideentrias des «Schönen», «Guten» und «Wahren» steht.

8

Vom Wünschen

«Wenn Du Zeit hättest», fragte ich einen Freund, «worüber würdest Du schreiben?». Ohne zu zögern antwortete er: «Über das Wünschen!» – Ein lohnendes Thema, fürwahr. «Und über was sollte *ich* schreiben, wenn Du es bestimmen könntest?» Er antwortete: «Über das Wünschen!» «Was findest du am Wünschen so mitteilenswert?», fragte ich, und er meinte: «Es hat viel mit Sehnsucht zu tun – und es kann so gründlich schiefgehen.»

Wünsche gehen manchmal sofort in Erfüllung, und manchmal nimmt ihre Verwirklichung viel Zeit in Anspruch. Wenn ich Kranken, Bedrückten, Einsamen, Menschen, die Angst haben oder in Geldsorgen stecken, Gutes wünsche oder ihnen gute Gedanken schicke, sind ihre Nöte deshalb noch nicht weg. Was gute Wünsche hingegen tun: Sie unterstützen die Tendenz zu Genesung und Verwandlung. Wünsche sind keine Befehle. Meine Briefe lasse ich deshalb gern mit der Wendung «Mit guten Wünschen» enden – die bekannte Floskel «Machs gut» klingt in meinen Ohren etwas zu soldatisch.

Das Märchen vom Froschkönig beginnt mit den Worten: «In den alten Zeiten, wo das Wünschen noch geholfen hat, lebte ein König, dessen Töchter waren alle schön, aber die jüngste war so schön, dass die Sonne selber, die doch so vieles gesehen hat, sich verwunderte, so oft sie ihr ins Gesicht schien.» – Damals soll die Sonne vor Scham errötet sein, so schön war das Mädchen, und damals waren die Menschen glücklich, denn es war eben die Zeit, in der das Wünschen noch geholfen hat.

Für viele Kinder sind Wunsch und Wirklichkeit nah beieinander. Vor ihrem Geburtstag oder in der Adventszeit schreiben manche von ihnen lange Wunschzettel. Die Worte, die sie hinkritzeln, haben eine Magie, neben der die reale Umsetzung dieser Wünsche Nebensache bleibt. Wunschzettel werden manchmal nur deshalb so lang, weil diese Magie wie betrunken macht und mit jedem weiteren Wort noch zunimmt. Bei Kindern, die nicht vom Machbarkeitswahn unserer technisch verfügbaren Welt besetzt sind und bei denen sich ihre Eltern nicht als Vollzugsgehilfen ihrer Wünsche missverstehen, ist mit dem Niederschreiben dieser Wünsche der Hauptzweck bereits erfüllt. Für sie ist das Wünschen auch heute noch ein tiefes und tief befriedigendes Ereignis, wie zu Froschkönigs Zeiten.

«Unser Dasein besteht aus Wollen. Wollen ist Wünschen. Wünschen setzt Mangel voraus. Mangel ist Schmerz. Wir leiden Schmerzen, weil wir so sind», notierte Wilhelm Busch (1832–1908) einmal. Wehe, wenn wir aus einem Mangelgefühl alle unsere Wünsche realisieren wollen. Das bringt nur Unglück. Die Schmerzen sind dann nicht weg, sie nehmen eher noch zu. Ilsebill, die immer mehr will, zerstört ihr Glück. Das sei unser Schmerz, meint Busch. Erwachsenenschmerz, wäre da vielleicht hinzuzufügen. Wo das Wünschen selbst schon hilft, verschwinden Mangel und Schmerz. Solange wir uns in der Wunschsphäre aufhalten, quält uns kein Besitz. Wir sind aufgehoben. Wir sind deshalb nicht wunschlos, aber zufrieden. Ein Wunsch ist keine offene Rechnung, für die wir eine handfeste Quittung verlangen dürfen.

* * *

Ich saß zu Hause am Schreibtisch. Da kamen unsere Kinder angerannt. Sie hatten mit ihrer Erzieherin Annette den Vormittag im Wald verbracht und waren überglücklich. Annette habe ein Zwerglein gesehen, riefen sie durcheinander. Sie habe es wirklich gesehen, und dann hätten sie es auch gesehen, und es habe genau so ausgesehen wie ein Zwerg.

Der Spielpädagoge Fred Donaldson (* 1943) hätte gestrahlt, wenn er dabeigewesen wäre. In seinem Buch *Von Herzen spielen* bringt er eine ähnliche Geschichte: Fred saß an einem Morgen auf seiner Veranda und war lesend in ein Buch vertieft. Da kam Chris, ein Junge aus der Nachbarschaft, dahergeradelt. Fred müsse sofort aufstehen und mit ihm gehen, forderte Chris, er wolle ihm einen Baum zeigen, wo die Trolle wohnen. Fred legte das Buch hin und zog mit Chris los. Nach einem kurzen Fußmarsch führt der kleine Junge den großleibigen Amerikaner durch eine enge Öffnung ins Innere einer riesigen Zeder. «Chris legt den Finger auf die Lippen, um mir zu signalisieren, still zu sein. ‹Sie haben gesagt, man könne ruhig hereinkommen, auch wenn niemand zu Hause ist›.» Nach einigen wortlosen Minuten im dunklen, feuchten, duftenden Baumesinnern zwängten sich die ungleichen Abenteurer wieder hinaus, «gewandelt», wie Fred Donaldson bemerkt. «Auf dem Rückweg sind wir beide still», fährt er fort, «auch wenn meine Füße fest die Erde berühren, gehe ich, als schwebte ich in der Luft. Dann beginne ich mich zu fragen, was passiert ist. Und genau diese Frage ist wie eine Stecknadel, die das Erlebnis platzen lässt.» Erwachsene – und nicht selten auch Kinder –

stecken viel zu schnell die Nadel der Realität in solche Geheimnisse. Sie appellieren dann an unseren Verstand und behaupten, Zwerge, Trolle, Feen und alle die Wesen, von denen die Märchen erzählen, gebe es nicht.

Für Chris gibt es sie, auch wenn sie gerade mal nicht zu Hause sind. Auch für Fred gibt es sie neuerdings. Nach diesem Erlebnis habe die Zeder ein anderes Aussehen für ihn gehabt. «Ich bin zurück in meiner üblichen Welt, und doch ist diese nicht ganz dieselbe wie zuvor», kommentiert der einstige Akademiker das Geschehen. Dank Kindern wie Chris hat er langsam wieder das Spielen erlernt. Heute nimmt er diese Kunst wichtiger als die Bücher, denen er einst verfallen war. Sein wiedererlangter Spieltrieb bewahrt ihn vor der Erwachsenen-Denkfalle. Er schreibt, seine Freunde seien meist ziemlich verblüfft, wenn er ihnen zu bedenken gebe, dass diese Geschichte wahr sein könnte. «Natürlich hast du nur dem Kind zuliebe so getan, als wäre das alles Wirklichkeit», antworteten sie ihm dann und stellten die ihrer Meinung nach entscheidende Frage: «Du glaubst doch nicht wirklich an Trolle, oder?» Manchmal komme es allerdings auch vor, dass mal jemand frage: «Wo ist dieser Baum?» – Wer nicht in die Falle der ersten Frage getappt ist und die zweite Frage stellt, hält sich in der Sphäre auf, wo das Wünschen noch hilft. Fred Donaldson schließt seine Erzählung mit den Worten: «Diese beiden Fragen gehen von völlig verschiedenen Annahmen aus. Das Kind in uns ist begierig darauf, diesen Baum aufzusuchen. Der Erwachsene nimmt gar nicht wahr, dass es ihn gibt.»

* * *

Franz Kafka (1883–1924) war nie über die Grenzen Kontinentaleuropas hinausgekommen. Dennoch ist aus seinem Wunsch, nach Amerika zu reisen und den Aufschwung dieses Landes zu Beginn des 20. Jahrhunderts kennenzulernen, sein faszinierender Roman *Amerika* entstanden. Wenige Bücher zeichnen ein so faszinierendes Bild des nordamerikanischen Kontinent und seiner Menschen wie dieses Werk.

9

Was wir sehen

«Der Mensch an sich selbst, insofern er sich seiner gesunden Sinne bedient, ist der größte und genaueste physikalische Apparat, den es geben kann. Und das ist eben das größte Unheil der neuern Physik, dass man die Experimente gleichsam vom Menschen abgesondert hat und bloß in dem, was künstliche Instrumente zeigen, die Natur erkennen, ja was sie leisten kann dadurch beschränken und beweisen will.»

Der Autor dieses Fragments ist Goethe, der ein intimer Beobachter des technischen Fortschritts war. Er verfolgte mit Aufmerksamkeit die Entwicklung der industriellen Revolution in England, mikroskopierte mit großer Leidenschaft einfache Tierchen und Pflanzenteile, und wenn er den nächtlichen Sternenhimmel absuchte, dann griff er zu einem seiner Fernrohre. Goethes Spruch über den Menschen als «genauesten physikalischen Apparat» mag für manche Wissenschaftler heute veraltet klingen. Doch Vorsicht, hat Goethe in ihm nicht vorweggenommen, was 200 Jahre nach ihm die Quantenphysik bestätigt hat? Sie erwartet von den Apparaten allein keine exakten Ergebnisse mehr – und sie bezieht den Menschen wieder zentral ins Sehen mit ein.

* * *

Diane Arbus (1923–1971) war ganz ein Kind des 20. Jahrhunderts. Sie bekannte sich als Fotokünstlerin zum freien Gebrauch von technischen Geräten, die sie wie eine Selbstverständlichkeit einsetzte und mit denen sie Bilder machen konnte, die das, was sie mit Augen sah, weit übertraf. Ihre Models waren Zirkusartisten, Behinderte mit geistigen und anderen Missbildungen, Nudisten, eineiige Zwillinge, Exzentriker, Transvestiten. Der Ausdruck und die Aufmachung dieser Figuren befremden, ihre Augen und Gesten berühren. Viele dieser Randfiguren der Gesellschaft, die sie auf der Straße oder in heruntergekommenen Hinterhöfen fotografierte, lebten in der Gosse, während Arbus selbst, die ihr Vertrauen genoss, einer wohlhabenden New Yorker Familie entstammte. Trotz dieser sozialen Unterschiede verband die Künstlerin und ihre Modelle ein geistiges Band.

Nachdem Diane Arbus 1971 aus dem Leben geschieden war, traten ihre Bilder einen Siegeszug um die Welt an, die Fotografin war auf einen Schlag eine Kultfigur in der Fotoszene geworden. Doch nicht nur ihre Bilder, auch ihre Gedanken laden zum Verweilen ein. «Ich meine, es ist sehr subtil und für mich ein bisschen peinlich», äußerte sie einmal, «aber ich glaube wirklich, dass es da Dinge gibt, die niemand sehen würde, wenn ich sie nicht fotografiert hätte.»

Manchmal bedarf es eines Fotos, um die Schönheit einer Landschaft, die Einmaligkeit eines Gesichtes, die Feinstruktur eines Insekts zu erkennen. Doch der Satz von Arbus meint mehr. Er stellt die Wirklichkeit auf den Prüfstand. Einerseits ist der Mensch der Technik überlegen, doch gleichzeitig scheint er von ihr abhängig zu sein. Dieses Verhältnis ergibt einen neuen Bezug zu dem, was existiert. Einerseits steht bei Arbus der Mensch über der Maschine, denn ohne sein Auge gäbe es viele interessante Fotos nicht. Doch ohne Technik ist die Überlegenheit seiner Blickmöglichkeiten wertlos. Ein Gefühl für das Geheimnissvolle war das eine in der Kunst von Diane Arbus, das andere war ihre stets präsente Kamera. Erst und nur durch sie konnte sie jene tieferen Zusammenhänge sichtbar machen, die unsere psychologische und soziale Existenz als Menschen durchwirken.

Der Bibelspruch «Gott gebe euch erleuchtete Augen des Herzens» (Eph 1,18), den Saint-Exupéry in die Aussage «Man sieht nur mit dem Herzen gut – das Wesentliche ist für die Augen unsichtbar» umdichtete, ist ein Schlüssel zum fotografischen Werk von Diane Arbus. Sie schoss ihre Bilder mit der Kamera, doch *wann* sie den Auslöser betätigte, bestimmte sie mit der Fühlkraft ihres Herzens.

Mit genau dieser Haltung geht auch der chinesische Regisseur und Dokumentarfilmer Wang Bing (* 1967) ans Werk. Wang Bing blickt ruhig, verlangsamt und wie von einer Herzensvernunft geleitet durch die Kamera in die Menschenwelt. Auch er bringt durch seinen Blick und seine Technik Dinge, die bisher in die Welt des Unbewussten eingefaltet waren, zur Sichtbarkeit. Auf der vorletzten *documenta* in Kassel wurden in einem großen Kino hundert Tage lang Filme von Wang Bing gezeigt. Sie eröffnen eine Sicht auf China, die den engen Bildern, wie sie in unseren Medien sonst den chinesischen Alltag darstellen, ein ganzes Kalaidoskop unbekannter Lebensfelder und Verhaltensmuster an die Seite stellt. Der Künstler vermag einen zweiten und dritten Blick auf das vielschichtige Leben im fernen Osten freizulegen. Wang Bing, dem die Kritiker einen harten Realismus nachsagen, nimmt sich in seinen Projekten zurück und stellt sich selbst und ebenso seine technischen Apparaturen in den Dienst der Menschen. In Filmsequenzen von mehreren Stunden ohne Schnitt vermag der Filmemacher Dinge in uns freizulegen, die, auch wenn wir sie bereits in uns getragen haben, erst durch seinen hingebungsvollen Blick Realität werden.

* * *

«Il vento, venendo in città da lontano, le porta doni inconsueti, di cui s'accorgono solo poche anime sensibili» («Der Wind, von weither in die Stadt kommend, bringt ihr geheimnisvolle Geschenke, die nur wenige besonders sensible Seelen bemerken»), diese Sequenz aus einer Kurzgeschichte von Italo Calvino (1923–1985) habe ich viele Jahre vergessen, jetzt ist sie plötzlich wieder da. Der poetische Satz gehört zu dem wenigen, was mir vom Gymnasium geblieben ist – er hat mir die Augen für etwas geöffnet, das ich allein diesem Satz und also Calvino verdanke. Er erfasst Feinheiten, die von Städtern sonst oft leicht übersehen werden, und er verweist auf Geheimnisse, die nicht offenbar sind und auch deshalb Geheimnisse bleiben, weil wir fast immer zu schnell unterwegs sind, um sie wahrnehmen zu können. Für Italo Calvino war noch der unscheinbarste kleine Windstoß, der die Straße entlangzieht, der Erwähnung wert, wie er verspielt eine vernachlässigbare Unbedeutendheit in die Höhe hebt und zu den Menschen trägt, um in ihnen Gedanken anzuregen, deren Herkunft sie nicht kennen und die der Welt ein anderes Gesicht geben, ja diese Welt mitunter für immer verändern.

Überall gibt es sie, die geheimnisvollen Geschenke in uns, die so lange schlummern, bis sie durch uns zur Sichtbarwerdung durchstoßen. Dann erheben sie sich und gehen auf den Weg zu ihren unbekannten Empfängern. Dann werden sie immer mehr andere auch bemerken, mal mit bloßem Auge, mal durch ein technisches Gerät und oft durch die Verbindung von ästhetischer Sinneswahrnehmung und präziser Technik.

10

Die Farben der Erde

Das Wort «viriditas» geht auf vergangene Zeiten zurück, in denen die Erde vom Menschen noch fast unberührt war. Hildegard von Bingen (1098–1179) fand für diese wunderbare Erde einen Namen: «Viriditas» oder «Grünkraft». Das vom Adjektiv *viridis* (grün) abgeleitete Substantiv ist weit gefasst und meint neben dem Grün der Pflanzen auch das Leben im Meer und in der Atmosphäre zwischen Erde und Himmel. Tiefgrün erlebte Hildegard die Welt, auch die Ozeane. «Lebensgrüne» oder «lebendiges Grün« wurde im übertragenen Sinn sogar zum Ausdruck für Jugend, Kraft und Gesundheit. Ein solches, das ganze Leben durchwirkendes Gefühl von «viriditas» umfasste damals die Menschen. Hätten die Raumfahrer etwas von dieser Stimmung aus dem 12. Jahrhundert bewahren können, würden sie nach ihrer Rückkehr aus dem All wohl eher vom grünen als vom blauen Planeten sprechen.

Der Dichter Robert Walser (1878–1956) unternahm Zeit seines Lebens einsame Spaziergänge – im ständigen Dialog mit der Natur. Hildegard hätte ihre Freude an ihm gehabt. «Hauptsache ist, dass es nun wieder zu frühlingeln beginnt», notierte er einmal, «da wird wohl da und dort ein gutklingender Frühlingsvers gelingen. Herrlich ist's, wie man jetzt gar nicht mehr ans Einheizen zu denken braucht. Dicke Wintermäntel werden ihre Rolle bald ausgespielt haben. Jeder wird froh sein, wenn er unbemäntelt umherstehen und -gehen darf. Gottlob gibt es Dinge, womit alle einig gehen und hübsch miteinander übereinstimmen. Ich habe Schneeglöckchen gesehen; in Gärten und auf dem Wagen einer Bäuerin, die zu Markt fuhr. Ich wollte einen Busch davon kaufen, dachte aber, es schicke sich für einen stämmigen Menschen, wie ich bin, nicht recht, nach so zartem Wesen zu fragen. Sie sind süß, diese schüchternen ersten Ankündiger von etwas, das von aller Welt geliebt wird. Alle lieben ja den Gedanken, dass es Frühling werden will.»

Hildegard von Bingen schrieb Bücher über Heilkräuter, komponierte Lieder zum Lob der Natur und trieb ihre Mitmenschen zur Ehrfurcht an. Sie entwickelte eine «Theologie des Blühens», bei der die Geburt im Zentrum stand. Hildegard war mit Gedanken des Säens, Keimens, Wachsens, Grünens, Blühens verbunden, wenn sie aus ihrem Kloster in die Umgebung schaute. Den Tod gab es auch, und wie, doch trotz seiner gewaltigen Präsenz verblasste er neben der Grünkraft, an der sich die Menschen aus- und aufrichteten. Ein Schneeglöckchen vermag wie kosmisches Glockengeläut ans Herz zu rühren, «mächtig wie das All und zerbrechlich wie ein gesponnener Glasfaden im Wind», wie der Biologe und Philosoph Andreas Weber (* 1967) dieses Allerweltsgeschöpf einmal umschrieb.

Ich habe einen Freund am Ammersee. Er ist Maler und hat früh damit aufgehört, Grün auf die Leinwand aufzutragen. Auf meine Frage, warum, sagte er nachdenklich, das wisse er nicht. Es sei kein Entschluss gewesen, nur, er habe beim Anrühren der Palette irgendwann kein Grün mehr zustandegebracht. Erst habe er es nicht wahrhaben wollen und dann erst recht versucht, mit dieser Farbe zu arbeiten. Doch das sei gründlich misslungen. – Seither fehlt das Grün in seiner Kunst, während er selbst mit Lust am Ufer des schönen Ammersees und durch die Wälder und über die Keltenschanzen im Hinterland wandert, ähnlich wie Robert Walser, und wie er ins Gespräch mit der Natur vertieft. Doch beim Malen und Zeichnen ist ihm ein wichtiges Gestaltungselement abhanden gekommen. Ist der Künstler von einem Mangel betroffen, den heute viele Menschen kennen? – Hildegard von Bingens «Viriditas» war der Auftakt zu einer erotischen Ökologie, zu einer intimen Beziehung mit dem Grün, diesem Proteus des Lebens. Doch es blieb bei einem vielversprechenden Auftakt, auf den dann etwas ganz anderes, nämlich das Grau in Grau der Technik, folgte.

Die moderne Biologie hat andere Interessen, als sich um das Integrale der Natur zu kümmern. Die Folge einer allgemeinen Abkehr vom Lebendigen hat eine Art Übergriffigkeit dem Leben gegenüber nach sich gezogen. Spätestens seit wir das «Anthropozän» eingeläutet haben, ist unsere Beziehung zum Planeten gestört. Die Erde reagiert in Form des Klimawandels auf unsere Handlungen, während wir selbst den Boden unter den Füßen langsam verlieren, wie Passagiere eines Flugzeugs, denen der Pilot mitteilt, dass er nicht mehr landen kann.

Diese Gedanken gehen auf Bruno Latour zurück, dessen Lebenswerk als Plädoyer für das Erdhafte aufzufassen ist. Er fordert die Wiedergewinnung der Erde durch die Verwandlung unseres materialistisch gewordenen Denkens. Sein alternatives Verständnis von Natur, Wissenschaft und Ökologie spricht nicht mehr von der Erde als einem manipulierbaren Objekt, das die meisten nur von außen betrachten und egoistisch in Besitz zu nehmen wünschen. Latour verstand die Erde als einen politischen Akteur, der mit uns in Beziehung steht. Diese Beziehung zu leben bedeutet, sich neu an den Boden zu binden und überhaupt erst wieder beziehungsfähig zu werden.

Anläßlich einer Ausstellung 2016 im *Zentrum für Kunst und Medientechnologie* in Karlsruhe wurde Latour gefragt, warum er einen Reset der Moderne fordere, einen Neustart, wie bei einem Gerät, das schlecht funktioniert. Latour antwortete, die Moderne habe zu einer bedenklichen Bodenlosigkeit geführt und ihr falscher Umgang mit der Erde müsse beendet werden. Nicht das, was heute als verwalteter Globus erscheine, sei unsere Zukunft, sondern etwas, «was wir die Erde nennen können, und das ist überhaupt nicht dasselbe.» Statt weitere Technifizierung geht es heute um die Hinwendung zur Scholle. Diese pulst vielleicht nicht mehr wie früher in sattem Grün, sie ist verletztlich geworden, ist geschwächt, oft auch farblos. «Wenn Sie heute Naturspektakel betrachten, zum Beispiel Wirbelstürme, Klimawandel, schmelzende Gletscher in der Arktis», sagte Latour einmal, «dann sind Sie Teil des Phänomens, das Sie anschauen. Sie fühlen nicht die Größe Ihrer Seele, sondern Sie fühlen sich verantwortlich.»

Unsere Beziehung zur Erde hat sich gewandelt. Verantwortung der Erde gegenüber ist etwas anderes als Hildegards umfassendes Grüngefühl. Das gilt sogar für die schöne Schweiz. «Das Gras wächst nicht mehr. Die Wiesen in vielen Ostschweizer Tälern sehen aus wie in der Provence: braun und verbrannt», berichtete unlängst die Zürcher Wochenzeitung *WOZ*. Dabei kam sie auf Bruno Latour zu sprechen und meinte, ganz in seinem Sinn, es gehe darum, «die Bindung an reale Landstriche neu zu denken». Ich staunte, dass sogar in diesem Natur- und Tourismusland die Verantwortung der Natur gegenüber ein brennendes Thema ist. «Das Terrestrische hängt zwar an Erde und Boden», zitierte die Zeitung den Vordenker aus Frankreich, «ist aber auch welthaft in dem Sinne, dass es sich mit keiner Grenze deckt.»

Das Ganze, in ein unschönes Wort gepackt, lautet: Die Erde will «glokal» behandelt werden, global *und* lokal, weltweit vernetzt *und* in Resonanz mit ökologischen Biotopen und den Menschen, die in ihrer Nähe leben.

11

In den Fallstricken der Sprache

Zu meiner Person: Ich bin männlichen Geschlechts, habe eine weiße Hautfarbe und lebe in fester Beziehung mit einer Frau. Zu diesem Beitrag: In den nächsten Zeilen verwende ich das generische Maskulin. Sollte der Beitrag von Schreinern oder Fahrlehrern handeln, sind alle Männer und Frauen sowie sämtliche anderweitigen Geschlechteridentitäten gemeint, die je diesen Beruf ausübten, gegenwärtig ausüben und in Zukunft ausüben werden.

Kürzlich beobachtete ich eine Amsel im Garten, wie sie mit ihrem knallgelben Schnabel energisch Blätter packte und sie hinter sich auf den Boden warf. Über ihre fast rabiaten Bewegungen musste ich grinsen. Typisch Amsel, dachte ich. Doch Moment mal, eine Amsel mit gelbem Schnabel ist doch gar keine *Sie*, sondern ein, ja bitte, was? Natürlich, ein Amselmännchen. Doch sprachlich ist da der Wurm drin. Trotz intensiven Überlegens fällt mir für diese Vogelart aus der Familie der Drosseln kein «politisch korrekter Name» ein. Eine Notlösung wäre die sächliche Grundform «Ams», daraus abgeleitet die weibliche Form «Amsin» oder «Amselin» und die männliche Form «Amser» oder «Amserich». Mit dieser erweiterten Grammatik wäre der Name dieses Tiers gründlich verunziert und wir müssten, kämen diese Namen in Umlauf, auf einige der schönsten Volkslieder verzichten. Alle Vögel sind schon da, schön, doch die Amseriche und Amselinnen passen da nicht rein. Da ist die Sache mit «das Pilot» (sächlich), die «Pilotin» (weiblich) und der «Piloterich» (männlich) dagegen noch vergleichsweise simpel und schmerzfrei.

Wie sind mitten in der Genderfrage angekommen, und da redet inzwischen sogar der Papst mit, was die Sache nicht einfacher macht. Befriedigende Lösungen sind nicht in Sicht. Kürzlich hörte ich von einem Filmteam, das zu einer pädagogischen Fragestellung mit Enthusiasmus in einem Schulzimmer gedreht hatte. Als die Sequenz abgedreht war, wurde sie, wie vorher besprochen, an eine Universität in England geschickt, wo man mit Spannung auf das Material gewartet hatte, um es dann für wissenschaftliche Zwecke auszuwerten. Doch die Verantwortlichen schickten den Streifen umgehend zurück mit der Begründung, die Sache sei nicht gegendert. Es hatten sich nämlich vier Jungs zu Wort gemeldet – vermutlich weil sie sich an diesem Vormittag wie kleine Filmstars vorkamen – und nur ein einziges Mädchen. Entweder müsse die Szene neu gedreht werden und diesmal mit buben- und mädchenspezifisch paritätschen Wortmeldungen, oder die Sache sei für die Uni vom Tisch.

Manchmal genügt ein einziges unkorrekt angewendetes Wort und los geht der Streit. Überall Geschlechterkampf – von der Amselin über den Piloterich bis zum gendergerechten Yoga. Unlängst wurde in den sozialen Medien die Frage diskutiert, ob anstelle von «Bürgermeister» nicht von «Bürger_innen_meister» gesprochen werden müsste, weil es ja nicht nur Bürger, sondern auch Bürgerinnen gebe. Bingo. Nun gibt es allerdings einen Herrn Mosche Leon, «Bürger_innen_meister» von Jerusalem, und in Syke in Niedersachsen gibt es die «Bürger_innen_meisterin» Suse Laue. Die Mehrzahl aller das Bürgermeisteramt ausübenden Menschen müsste dann korrekt «Bürger_innen_meister_innen» lauten. Wer würde nach dieser Vierteilung für einen solchen Posten überhaupt noch kandidieren? Und wer könnte nach dieser Grausamkeit noch Gedichte schreiben?! Das ist schon so, möchte man sagen, doch was die Gendergerechtigkeit angeht, müssen wir froh darüber sein, dass wir beim Wort «Bürgermeister» keine Nuance mehr übersehen.

* * *

Die Möglichkeiten des Genderns sind unerschöpflich und werden begeistert, manchmal auch fanatisch durchgespielt. Der folgende Songtext des Rappers Cro, dessen Videoclips im Netz von zig Millionen Fans angeklickt werden, kam in die Mühle eines solchen Fanatismus: «Baby, bitte mach dir nie mehr Sorgen um Geld, gib mir nur deine Hand und ich kauf dir morgen die Welt. Egal wohin du willst, wir fliegen um die Welt. Hauen sofort wieder ab, wenn es dir hier nicht gefällt.» Wer die holprigen Reime für eine gewöhnliche Liebesschmonzette hält, wird von der Wissenschaft eines besseren belehrt, denn inzwischen haben sich Studierende der Berliner Humboldt-Universität Cros Verse vorgeknüpft. Sie werfen dem Rapper Diskriminierung, Rassismus, Sexismus und Aggression gegen lesbische und schwule Personen vor. Schon «Baby» sei ein No-Go. – Ich staune. Cro halte sich für überlegen und inszeniere, wenn er «Baby» singe, den typisch chauvinistischen Habitus des weißen Mannes. – Ich bin überfordert. Doch damit nicht genug, Cro transportiert auch noch das stereotype

Bild der idealisierten heterosexuellen Beziehung, in der der Mann das Geld verdient und die Frau nichts anderes zu tun hat als schön zu sein und dem Mann zur Verfügung zu stehen. – Widerlich, dieser Song, die Wissenschaft hat mich überzeugt.

Innerhalb der Genderlinguistik sind die Sprachen westlicher Zivilsationen schon vor Jahrzehnten als Männersprachen entlarvt worden. Das Thema ist also nicht neu, aber deshalb nicht weniger virulent. Die wissenschaftliche Dekonstruktion von Alltagswörtern hat den Elfenbeintum der Forschung verlassen und ist überall auf dem Vormarsch. Nachdem das vernichtende Urteil der Humboldt-Universität öffentlich geworden war, wollte die Studentenvertretung der Universität Bielefeld dem ahnungslosen Cro wegen seiner «sexistischen und von Gewaltphantasien geprägten» Texte das Handwerk legen. Sie versuchte, auf dem Unigelände einen von einer Studentengruppe längst geplanten Auftritt des Rappers zu verbieten. Der Auftritt fand zwar trotzdem statt, doch die genderaffinen Feinde der genderignoranten Studentengruppe konnten erwirken, dass Cro – dem neben den oben genannten Defiziten auch noch «Transfeindlichkeit« vorgeworfen wurde, weil er die Liebe des Mannes zur Frau anderen sexuellen Ausrichtungen bevorzuge

– auf dem Campus der Uni Bielefeld nicht mehr auftreten darf.

* * *

So richtig befriedigend ist bis jetzt wohl erst die Sache mit der Pilotin und dem Piloterich geregelt, wenigstens so lange, wie wir keine Piloten zu ihrer neuen Berufsbezeichnung befragen. Wie auch immer, ich möchte auch in Zukunft gerne von einer Amsel sprechen dürfen, wenn mich in der Abenddämmerung der Gesang dieses Vogels bezaubert. Und wenn ich das sage, meine ich noch lange nicht, es müsse alles beim Alten bleiben.

Sprachen gehören zu den wichtigsten Kulturtechniken des Menschen und sind einem ständigem Wechsel ausgesetzt. Gendern beginnt mit dem Bewusstsein für eine Ausgewogenheit im Gebrauch männlicher und weiblicher Wortwendungen. Auch wenn es interessantere Beschäftigungen gibt als sich mit Sternchen, Bindestrichen und Unterstrichen auseinanderzusetzen, verlangt der Unterschied zwischen den sozialen Geschlechtern im Hinblick auf Lebensbedingungen, zu denen Bildung, Fähigkeiten, Interessen, Berufe, Entlohnung, Wertschätzung gehören, mehr als bloße Lippenbekenntnisse in Form irrwitziger Wortklaubereien.

12

Lernen im Leben

Kürzlich habe ich zum dritten Mal das Gleiche gelernt. Hat, wer so lernt, überhaupt etwas gelernt? Ich meine, ja, aber leicht war – und ist – es nicht.

Zum ersten Mal ging mir bei einem Aphorismus von Nietzsche ein Licht auf. Der Aphorismus handelte von Ressentiments. Ein Ressentiment ist so etwas wie ein heimlicher Groll, eine Art Rückschlagsmechanismus und Synonym für Neid und nachtragende Missgunst gegenüber anderen Menschen. Es ist der Versuch, auf eine hinterhältige Weise besser sein zu wollen als andere. Manchmal kann eine Person leichter durch üble Nachrede und Hinterlist zu Fall gebracht werden als durch einen offenen Affront. Ressentiments entstammen der Kleingeisterei und verbreiten eine negative Stimmung gegen ein Opfer, das angegriffen wird, jedoch indirekt. Nietzsches Psychologie des Ressentiments spricht auch von «gehemmter Rache»: Wer sich nicht wehren kann, trägt eine Vergiftung davon und bringt moralische Bewertungen ins Spiel. Was mich besonders beeindruckte, war Nietzsches Bemerkung, dass gerade dann, wenn wir uns extrem schwach fühlen, unser Hang zu Ressentiments am stärksten ausgeprägt sei.

Das saß und sitzt noch immer. Was Nietzsche da beschreibt, kenne ich von mir selbst, wie ich gestehen muss. Wenn ich mich schlecht von jemand behandelt fühle und mich das erschöpft und dünnhäutig gemacht hat, dann bin ich anfällig für «gehemmte Rache». Ich ruhe dann nicht in meiner Mitte, sondern hänge mich aus dem Fenster der Emotionen und schleudere Bewertungen und so etwas wie Hass in die Umgebung. Wenn ich da Gefahr wittere, erhebe ich Ressentimentverdacht gegen mich selbst und versuche meine Emotionen so lange im Zaum zu halten, bis das Ressentiment nachgelassen hat. Das klingt nun ein wenig so, als würde ich Nietzsches Lektion beherrschen. Das ist nicht der Fall, denn unsere Ressentiments sind schlauer als wir selbst.

Dann stieß ich auf den vietnamesischen Mönch Thích Nhất Hạnh (1926–2022). Er hat in seinen Büchern ein halbes Hundert Formkräfte beschrieben, die uns zur Gestaltung des Lebens zur Verfügung stehen, allgemeine wie etwa die Aufmerksamkeit oder der Wille, spezielle wie Entschlüsse oder innere Sammlung, heilsame wie Vertrauen,

Feingefühl, Sorgfalt oder Gleichmut, und unheilsame wie Aversion, Dünkel, Zweifelsucht, Neid, Eifersucht, Ich-Rausch, Schamlosigkeit, geistige Starrheit, Misstrauen, Trägheit, Vergeßlichkeit. Die unheilsamen Formkräfte überwiegen zahlenmäßig die anderen bei weitem. Diese Kräfte des Unheils schießen ins Kraut und vermehren ihre Wirkung, wenn sie von uns mit entsprechenden Gedanken und Gefühlen gegossen werden.

Thích Nhất Hạnh hat in seinen Büchern bildhaft und mit liebevoller Achtsamkeit in diese seelischen Lebensschichten geleuchtet. Mich von seinen Gedanken führen zu lassen, fällt mir leicht und bereitet Freude. Der buddhistische Lehrer stellt dar, dass uns in jeder Lebenssituation die Entscheidung offensteht, was und ob wir etwas tun oder ob wir es lassen. Wir sind fähig zu bestimmen, welche Formkräfte wir fördern wollen und welche nicht. Jedem steht frei, die heilsamen oder die Unheil bringenden Samen zu gießen. Je nachdem, wofür wir uns entscheiden, werden Lebensfrüchte keimen und wachsen, oder es tun sich neue Abgründe auf. Gießt meine Seele etwas Heilsames, wird Heilsames daraus entstehen, gießt sie Unheilsames, wächst Unheil und unsere positiven Möglichkeiten schrumpfen.

Nietzsche und Thích Nhất Hạnh verweisen beide darauf, dass wir die Gestaltung des Lebens jederzeit in der Hand haben können. Entweder kommt dabei Großes heraus, oder verwinkeltes Gift fängt an zu wirken.

Kann man solche Weisheiten verstehen, ohne aus ihnen für das Leben gelernt zu haben? Wer bemerkt, dass die Denkschule, durch die der Philosoph und der Buddhist führen, nicht zu jener Lebenssicherheit verhilft wie etwa das Schwimmen, das, einmal gelernt, ohne tägliche Übung jederzeit funktioniert, muss notwendigerweise auf solche Fragen kommen.

* * *

Beim Film *Freiheit fällt nicht vom Himmel* von Victoria Knobloch funkte es zum dritten Mal. In diesem Film spricht der zum Buddhismus konvertierte Tenzin Pelior (* 1967), was ich im Leben tun und lassen kann und welche Wirkung davon ausgeht. Ich war müde, als der Film begann, mehrere unangenehme Tageserlebnisse hatten es geschafft, dass ich regelrecht verärgert war. Dabei war mir nicht bewusst, dass ich in einer solchen Stimmung war. Irgendwie ist Ärger zur Zeit wohl normal, höre ich doch auch von Bekannten, dass ihnen auf dem

Fahrrad, am Steuer, beim Einkaufen recht viel Unerfreuliches passiert. Nur eben wenn wir uns ärgern, ist auch das Ressentiment nah und wir gießen bereitwillig die Samen des Unheils, und dies meist ohne es früh genug zu bemerken.

Gleich zu Beginn des Films spricht Pelior über die Komplexität unserer Gesellschaft und weist darauf hin, wie es enormer Energie und Anstrengung bedürfe, um diese Komplexität aufrechtzuerhalten. «Und je mehr Reichtum du hast, je komplexer die Dinge sind, desto mehr Energie musst du reinstecken, um das ganze System aufrechtzuerhalten.» Pelior geht es um die bewusste Führung von Energien und Emotionen. Ist Ärger der Anfang vom Ende, wo wir doch befähigt wären, bis an die Sterne weit zu greifen? Wie lässt sich der Hebel zur positiven Lebensgestaltung umschwenken? Wie kann ich den Kleingeist in meinen Gedanken und Gefühlen vertreiben? Mein Schicksal ist unentschieden. Das heißt, ich kann an ihm mitgestalten. Die Herkunft des Wortes «Schicksal» verweist einmal auf «Begebenheit», das ist ein Geschehen, das uns widerfährt, ohne dass wir es beeinflussen oder abwenden können. Schicksal bedeutet aber auch «Fingerfertigkeit», «Geschicklichkeit». Diese hohe Kunst, die von Handwerkern ein Leben lang geübt wird, taugt auch sonst im Leben. «Das schicket», sagt man im Hessischen, wenn eine Sache so richtig gut gelingt. Ich kann mein Schicksal über mich hereinbrechen lassen, wie es der große Dulder Odysseus auf seinen Irrfahrten getan hat – oder ich kann ihm mit etwas Fingerspitzengefühl eine Wende und damit vielleicht eine angenehme Gestalt verleihen. Odysseus musste lange irren, bis er das gelernt hatte.

Dass ich «Schicksal» so betrachten kann, verdanke ich einem Freund, der nicht mehr länger hinnehmen wollte, dass er der Spielball eines unveränderlichen Geschehens sei. Das eigene Schicksal wird ein anderes, wenn es frei von Ressentiment und falscher Energieführung ist. Ich bin frei, *die* Samen zu gießen, die der Welt, meinen Mitmenschen und mir Freude bereiten. So einfach ist die Sache anscheinend. Gerade in Zeiten, wo ich den Eindruck habe, dass fremde Kräfte und unverschiebbare Sachzwänge mein Leben im Griff haben, sollte ich das beherzigen.

13
«Zeugen himmlischer Vergnügen»

Ich habe den Eindruck, dass es wieder mehr Schmetterlinge gibt. Kassels Randgebiete mit ihren dorfähnlichen Siedlungen ohne Monokulturen drum herum sind für sie ideal, das lieben sie. Schmetterlinge könnten von der zunehmenden Klimaerwärmung profitieren, doch die Agrarpolitik und eine generelle Nutzoptimierung unserer Lebensräume macht ihnen das Leben schwer. Die besten Chancen zur Wahrung der Insektenvielfalt bieten inzwischen die Kommunen. Sie können zügig und ohne Grundsatzdebatten Ideen umsetzen, beispielsweise Bienenweiden und Kleefelder anlegen und damit die Vertriebenen zurückholen.

Schmetterlinge sind Sinnbilder einer intakten, lebenswerten Naturwelt. Ihr wackelnd zielsicherer Flügelschlag rührt uns wie der Gruß aus einer anderen Welt. Beim Anblick dieser farbenfrohen Luftgaukler geht uns das Herz auf. Gaukler? Haben sie diesen Namen, weil ihr Flug überall so unvermittelt aus der Richtung zu kippen scheint? Vielleicht nennen wir sie so, weil sie Dinge vor uns hinzaubern, die wir für unmöglich halten. Manche von ihnen ziehen im Winter wie die Vögel in den Süden. Andere leben in Symbiose mit Ameisen, und wieder andere nehmen während des ganzen Lebens keine irdische Nahrung zu sich. Bestimmte Schmetterlinge erfühlen Gerüche mit ihren Beinen und produzieren mit den Flügeln Duftstoffe, um ihre Partner anzulocken. Es gibt Sommervögel, die sich zu einem kurzen Stelldichein auf hohen Berggipfeln treffen, um dann in verschiedene Himmelsrichtungen davonzuschweben, und in Indien flattern manche von ihnen in Richtung Norden los und steigen im Aufwind nonstop über den Himalaya nach Tibet und von dort wieder zurück.

Die erstaunlichsten Gedanken über Schmetterlinge, die ich kenne, stammen von Rudolf Steiner. Obwohl Naturwissenschaftler, nannte er sie ein Geschenk des Kosmos an die Erde und meinte, diese Lebewesen – «lichterschimmernd, luftgetragen oben über der Erde» – seien mit irdischen Maßstäben gar nicht zu fassen. Schmetterlingsflügel nannte er die «vergeistigteste Erdenmaterie» überhaupt, und die Schmetterlinge in ihrer Gesamterscheinung bezeichnete er als etwas, das nicht nur «zum Ganzen der Weltökonomie» dazugehört, sondern diese entscheidend beeinflusst.

Auch Architekten der Zukunft zeigen bei Schmetterlingen Begeisterung. Ich staunte, als ich auf einem Plakat eines einflussreichen Konzerns, der für Smart Cities wirbt, zwei Sommervögel entdeckte. Die Autos und Lastwagen waren unsichtbar unter die Erde verbannt, während ausgelassene Radfahrer, untergehängte Spaziergängerinnen und Freizeitler in Kajaks bildfüllend in Erscheinung traten. Im Vordergrund hüpfte ein Kinderpaar Hand in Hand barfuß mit füllig braunem Haar durch das Bild – und neben ihnen dahinsegelnd zwei an Schwalbenschwänze erinnernde Schmetterlinge in Übergröße. – So sollen wir Menschen in Zukunft in unseren Städten leben, das ist die Botschaft dieses Plakats.

Kürzlich wurden Familien in den Niederlanden für ein städtebauliches Zukunftsprojekt zum Probewohnen gesucht. Ihre Bewegungen sollten mit Sensoren aufgenommen und als Daten anonymisiert an die Stadtplaner weitergeleitet werden, um die Idee der smarten Stadt weiter zu optimieren. Der Inhalt des Gefrierfachs, Kalorienverbrauch, Puls, Schlafenszeiten, Freizeitgewohnheiten, alles sollte gemessen und inventarisiert werden. Die für dieses Projekt nötigen Bewerber zu finden sei ein Leichtes gewesen, heißt es in einem Bericht der Projektleitung.

In den smarten Städten drosseln Autos vor einer Schule automatisch das Tempo, Uhren heizen per Sensor die Wohnung, entspannte Menschen suchen per App das passende E-Verkehrsmittel für den wahlweise schnellsten, sichersten oder CO_2-ärmsten Weg in die Arbeit. Ampeln machen für Busse und Lastwagen längere Grünphasen, und abends, wenn ein Radfahrer kommt, erhellen sich die Straßenlampen. «Heute wird alles smart», schreibt der Philosoph Byul-Chung Han (* 1959), «wir werden bald in einer Smart Citiy leben, in der alles, ja, komplett alles miteinander vernetzt sein wird, nicht nur Menschen, sondern auch Dinge. Wir werden nicht nur von Freunden, sondern auch von Haushaltsgeräten, Haustieren und Lebensmitteln im Kühlschrank E-Mails erhalten. Das Internet der Dinge macht es möglich.»

Als ich die Schmetterlinge auf dem Plakat sah, kam mir die Frage, ob es sie in diesen bis aufs Letzte geplanten Menschenorten einst noch geben werde. Wir Menschen machen vielleicht mit, aber die Schmetterlinge? Vermutlich bildeten die Stadtplaner sie deshalb ab, weil sie schöne Formen haben und ihre Flügel so bunt schillern. Oder haben sie auch an die Kleewiesen und Bienenweiden gedacht, an Brachen und Magerwiesen, die

Schmetterlinge brauchen, um leben und überleben zu können?

Zukunftsideen sind dann stark, wenn sie einen unkalkulierbaren Rest und eine Affinität zum Kosmischen bewahren. Wir Menschen brauchen Segmente der Unberechenbarkeit. Vielleicht ist es kein Zufall, dass die «Chaostheorie» auch als «Theorie des Schmetterlingseffekts» bekannt ist. Bei dieser Theorie geht es um unberechenbare Kleinstwirkungen der Materie. Das bisschen Luft, das vom Flügelschlag eines Schmetterlings in Nordamerika bewegt wird, kann zu einem Zyklon anwachsen, der über das Meer wandert und auf einem anderen Kontinent die Landschaft verwüstet. Der Schmetterlingseffekt beschreibt die Sprengkraft einer nichtlinearen Dynamik, die sich zwar als mathematisches Gesetz beschreiben, aber nicht exakt berechnen lässt. Es kommt darin auf die Anfangsbedingungen eines Systems an, die dieses selbst umso gründlicher verändern, je entschiedener es seine Kraft entfaltet. Nach dieser Theorie könnte das Handelns eines einzigen Menschen die geballte Intelligenz der weltweit vernetzten Stadtentwickler beeinflussen und sogar restlos verändern. Das Aufsetzen eines menschlichen Fußes oder das freundliche Ausstrecken einer Hand zum Gegenüber hin könnte die ganze Weltökonomie verwandeln, wie ein Schmetterling, der durch die Luft schaukelnd seinen Flug in die eine oder andere Richtung lenkt und je nachdem einen Orkan entfesselt oder eine Oase der Stille schafft.

Solche Szenarien sind durch die Chaostheorie, immerhin eine der bahnbrechendsten Theorien in der Physik des 20. Jahrhunderts, denkbar geworden. Diese Theorie ist eine Einfallsschneise für kosmische Wunder, die jederzeit an das Geheimnis unseres ja schließlich aus dem Universum stammenden Lebens rühren können. Wir Menschen können im Hier und Jetzt in die Schmetterlingsseele schlüpfen, wie es Goethe in einem Gedicht formuliert hat:

> In des Papillons Gestalt
> Flattr' ich, nach den letzten Zügen,
> Zu den vielgeliebten Stellen,
> Zeugen himmlischer Vergnügen,
> Über Wiesen, an die Quellen,
> Um den Hügel, durch den Wald.

14

Die Sache mit den Marshmallows

«Wenn Du warten kannst bis ich wiederkomme, kriegst du alle beide», sagt die Versuchsleiterin dem Vorschulkind, das an einem Tisch sitzt. Vor ihm ein Marshmallow und etwas entfernt in Sichtweite ein zweites Stück Schaumzucker. Nun wird das Kind mit sich und der Süßigkeit allein gelassen. Seine Aufgabe: Ausharren. Der Raum bietet keinerlei Ablenkung. Wenn das Kind warten kann, bis die erwachsene Person zurückkommt, darf es beide Marshmallows essen, wenn es vorzeitig das Bonbon auf dem Tisch nimmt, bekommt es nur dieses eine. Die «Moral» von der Geschichte: Kinder, die ihre Lust unterdrücken können, werden es später zu etwas bringen. – Durch das seinerzeit an der Stanford-Universität durchgeführte «Marshmallow-Experiment» eroberte diese Überzeugung Wissenschaft und Schule.

Das «charmante» Langzeitexperiment wurde inzwischen «repliziert», wie die wissenschaftliche Bezeichnung für die Wiederholung von Experimenten heißt. Das Ergebnis fiel restlos anders aus als bisher geglaubt wurde. Das «Marshmallow-Experiment» fiel schlichtweg durch. Zwischen verzichtbereiten Kindern und erfolgreichen Erwachsenen bestehe kein Zusammenhang, so lautet die neue Erkenntnis, Selbstkontrolle und Willensstärke funktionierten anders. Eltern dürfen seither die Sorgen begraben, die sie lange hatten, wenn ihre Kleinen nach Süßigkeiten griffen und den Belohnungsaufschub in den Wind schlugen.

Das Beispiel zeigt, wie Informationen aus der Wissenschaft manchmal von frühester Kindheit an das Leben prägen, ohne wahr zu sein. Seit Karl Popper (1902–1994) ist bekannt, dass Forschungsresultate so lange Gültigkeit haben, bis sie widerlegt sind. Dies gilt für das «Marshmallow-Experiment» genauso wie für dessen Widerlegung. Eine wissenschaftliche Behauptung kann bedeutend sein, nicht weil sie wahr wäre, sondern weil zwischen der Erstveröffentlichung und ihrer Widerlegung so viel Zeit verstrichen ist, dass sich diese Behauptung mit der Zeit etabliert hat und noch lange als «Wahrheit» fungiert, während sich die Fachwelt längst davon verabschiedet hat.

Vor lauter Replikationsschlaufen, die reihenweise solche Lügen aufdecken wie die mit den Marsmallows, steht der gute Ruf der Forschung in

Frage. Wir tun also gut daran, neue wissenschaftliche Erkenntnisse nicht vorschnell zu feiern. Nicht dass das Ziel der Wissenschaft die Lüge sei, das ist damit nicht gemeint. Lüge impliziert Vorsätzlichkeit und dies ist eine schlechte Voraussetzung für wissenschaftliches Forschen. Die eigentliche Achillesferse der Forschung könnte die allgemeine Tendenz sein, dass etwas Neues per se favorisiert wird. Nicht nur in der Werbung, auch in der Forschung ist das Wörtchen «neu» seit Generationen das magische Zauberwort und so etwas wie die Garantie für Fortschritt und Qualität überhaupt. Die Überbewertung neuer Forschungsergebnisse bestimmt Technik und Wirtschaft und vor allem die Forschenden selbst. In der Wissenschaft wird viel publiziert und dies am besten noch heute, denn, wer weiß, morgen wird die gleiche Erfindung oder das exakt gleiche Patent vielleicht schon von anderen bekanntgegeben. Wo ist da noch Zeit für die Geduld und das Staunen?

* * *

Ich erinnere mich an eine Veranstaltung während meiner Studienzeit bei Paul Feyerabend (1924–1994) an der Eidgenössischen Technischen Hochschule (ETH) in Zürich. Feyerabend hatte den

Schriftsteller Friedrich Dürrenmatt (1921–1990) eingeladen, den Autor der schwarzhumorigen Komödie *Die Physiker*, in der früh der Wahnsinn der wissenschaftlichen Forschung und das Thema der Geheimhaltung wissenschaftlicher Fakten im Mittelpunkt stand. Dürrenmatt schilderte sein Faible für die Verballhornung von Experimenten und erzählte von einem Spaß, den er sich einmal zusammen mit Freunden aus der ganzen Schweiz erlaubt hatte. Sie hätten abgesprochen, über einen Zeitraum von mehreren Monaten immer dann, wenn vor ihrer Haustüre der Mond aufging und die Luft etwas trüb war, bei der ETH anzurufen und aufgeregt mitzuteilen, sie würden gerade ein eigenartiges Phänomen beobachten: Der Mond habe irgendwie eine viereckige Form, schwer zu beschreiben, aber unheimlich. Was den Forschern in Zürich zunächst ein müdes Lächeln abgerungen habe, sei umso interessanter geworden, je penetranter die eintreffenden Meldungen auf ein Phänomen mit einer gewissen statistisch relevanten Häufigkeit hinzuweisen schienen. Da sei dann alles ganz schnell gegangen, erzählte Dürrenmatt grinsend. Die Wissenschaftler hätten sich über die eingegangenen Daten die Köpfe heiß geredet und angefangen, die Aussagen zu systematisieren und darüber zu streiten, welchen

Namen sie dem neuen Phänomen geben wollten und wer als erster darüber in den Fachzeitschriften publizieren dürfe.

Funktioniert Wissenschaft heute anders als zu Dürrenmatts Zeiten? Wohl eher nicht. Die Geschichte mit dem viereckigen Mond ist für mich deshalb noch kein Anlass, die Wissenschaft insgesamt lächerlich zu machen. Dennoch – ist der Wille zu Generalisierungen auf Kosten von Einzelbefunden nicht ein beträchtliches Problem?

* * *

Friedrich Schiller (1759–1805) hat in seinen *Briefen über die ästhetische Erziehung des Menschen* das Verhältnis von Staat und Individuum untersucht. Seine Ergebnisse lassen sich genauso auf die Wissenschaft und das Individuum übertragen, denn sowohl in der Forschung als auch im Staatswesen wird das Individuum von Ideologien beherrscht. Was dabei verloren geht, ist der Mensch. Wo das selbstkritische Befragen und die ästhetische Betrachtung der Dinge fehlen und Verallgemeinerungen um sich greifen, gerät das Individuum auf Kosten des Karrieredenkens aus dem Blickfeld.

* * *

Kürzlich erzählte mir ein Biologenpaar, dass ihr Professor die Entdeckung einer Doktorandin von ihm unter seinem Namen in mehreren Fachzeitschriften zu publizieren gedachte, und zwar gleichzeitig. Seine Absicht war, in den Zeitschriften gegenseitig auf diese Entdeckung aufmerksam zu machen, mit dem Ziel, dass die neue Erfindung die Runde mache und er dadurch noch berühmter werde als er es ohnehin schon war.

Meine Vorstellung von Forschung ist eine andere. Wissenschaftlerinnen, gleich welchen Geschlechts, sollten sein wie die Kinder, staunend, offen, vorbehaltlos, aufmerksam, geduldig, vielleicht sogar verschwiegen. Vor allem sollten sie sich nicht in erster Linie darum kümmern, berühmt zu werden, sondern darum, so viele Daten einer interessierten Öffentlichkeit bereitzustellen, dass Bewertbarkeit entsteht. Meist interessieren sich die Fachjournale leider mehr für die Autorität eines Namens als für Daten, die auch ein berühmter Name zu liefern hätte. So kommt es zu solchen Fehlern wie beim Spinat, ein Fehler, der lange Zeit unerkannt blieb, weil niemand die Zahlen kontrollierte – damals soll ein Lebensmittelanalytiker bei der Untersuchung von Spinat das Komma versehentlich um eine Stelle nach rechts gerückt und dem Gemüse somit einen viel zu großen Eisengehalt attestiert haben, eine Fehlleistung, die dem Spinat über Jahrzehnte zu ungerechtfertigter Beliebtheit verhalf und vielen Kindern die Not bescherte, ihn unter allen Umständen essen zu müssen.

15 Zufall?

In einer ihrer kabarettistischen Nummern stritten Karl Valentin (1882–1948) und Liesl Karlstadt (1892–1960) über die Frage, was ein echter Zufall sei. Karl Valentin erzählt, wie er in der viel befahrenen Kaufinger Straße in München gerade eben mit einem Freund über Radfahrer gesprochen habe, «und in dem Augenblick, wo wir von einem Radfahrer gesprochen haben, ist ein Radfahrer vorbeigekommen». «Na und», sagt Liesl Karlstadt. – «Zufall», ruft Karl Valentin begeistert. «Moment mal, das war doch kein Zufall», kontert sie, und los geht der Streit.

* * *

Im Sommer unterbrach ich meine Arbeit am Schreibtisch. Wir fuhren in die Alpen. Ich mähte Wiesen, fällte Bäume, las kaum, dachte wenig nach, war in der Natur. Am Abend fiel ich müde ins Bett. Ich weiß nicht wieso, doch statt froh über diese Auszeit zu sein und mich bei der körperlichen Arbeit zu erholen, geriet ich ins Grübeln. Fragte mich, was ich zu Hause eigentlich so den lieben langen Tag am Schreibtisch mache. Diese Frage war neu für mich. Sie beunruhigte mich.

In den Bergen empfing uns vor allem eins: Wasser, viel zu viel Wasser. In Seenähe gebaute Schweizer Städte wie Luzern oder Thun standen unmittelbar vor der Überflutung. Wenige Zentimeter fehlten und der Wasserspiegel hätte die alten Patrizierhäuser zerstört. Einige Stunden vor dem Umkipppunkt hörte der Regen auf, das Schlimmste war wie durch höhere Gewalt abgewendet. Zufall?

Nicht weit von unserer Hütte entfernt gibt es zwei imposante Wasserfälle, dort wanderten wir in diesen Tagen wiederholt hin. Beim Anblick des vielen Wassers dachte ich an meine Tante. Sie war im Unwetterjahr 2005 in der Schweiz von einem aufrecht in einem Fluss daherschwimmenden Baum erfasst und in den Tod gerissen worden. Er hatte sich mit seiner Krone kurz aus dem Wasser gelehnt, die Frau umschlungen und wie eine alte Bekannte mitgenommen.

Bei den Wasserfällen kam mir die Frage: Was interessiert dich die Welt des Denkens und Schreibens, wo es doch diese erhabene Wirklichkeit gibt? Mich durchfuhr der Gedanke, dass das Ritual des Rückzugs ins Schreiben der Wucht dieser Tatsache nichts

Nennenswertes entgegenzusetzen habe. Rückzug?! Das Gedicht *Gesang der Geister über den Wassern* von Goethe, das den Dichter beim Anblick eines solchen Wasserfalls ereilte, ist doch kein Rückzug! Es ist, wenn schon, die höhere Verwirklichung der Welt durch die Sprache. – Doch weder Goethe noch sein Gedicht, in dem er das Schicksal der Menschenseelen mit dem uns umgebenden Wasser vergleicht, war mir dort oben in den Sinn gekommen.

Durch meine in der Natur entwickelten Fragen geriet mein Verhältnis zur Bücherwelt ins Wanken. Wieder zu Hause, begann ich meine Bibliothek auszudünnen. Obwohl ich ein Büchernarr bin, nutze ich durchaus auch die Vorteile der platzsparenden digitalen Medien, doch bei uns daheim gibt es ganze sechs Zimmerwände mit Regalen voller Bücher. Viele von ihnen sind Teil meines Lebens, und es kommen immer weitere neue hinzu. Nun wollte ich den Bestand um ein paar Regalbretter reduzieren. Zu diesem Zweck füllte ich mehrere Bananenkisten mit Büchern und bereitete sie für den Abtransport vor. Berenike schaute mir besorgt über die Schultern. Dann fischte sie mit sicherem Blick eines der ausssortierten Bücher heraus. Sein Titel lautete: *Beim Schicksal zu Gast*. Sie legte den Hardcoverband für später zur Seite.

Inzwischen haben wir uns die darin abgedruckten Erzählungen vorgelesen. Die Textsammlung von Gerhard Klein (1902–1980) enthält schicksalshafte Begegnungen, in denen sich so genannte «Zufälle des Lebens» über Jahre und Jahrzehnte zu einem Geflecht von Fügungen und Sinnhaftigkeiten verdichten, wodurch große Schicksalsbögen entstehen, ganz so, als wären die Menschen in ihrem Leben von Engeln, die sie sanft lenkten, begleitet gewesen.

Mitten im Ausdünnungsprozess meiner Buchbestände klingelte es stürmisch an der Haustüre. Es war ein Freund. Wir hatten uns lange nicht gesehen. Er platzte herein und begann mich mit Verbalattacken zu torpedieren. Ich wusste nicht, wie mir geschah. Ob ich noch alle Tassen im Schrank hätte, schimpfte er und nahm mich ins Kreuzverhör. Ich hätte kürzlich etwas über den «Transhumanismus» geschrieben und er habe es gelesen. Dazu habe er Fragen. Doch er fragte nicht, sondern schimpfte und tobte regelrecht. Wenn ich etwas dazu sagen wollte, fuhr er sofort dazwischen und hörte nicht auf mit seinen Attacken. Nach einer Ewigkeit – ich war kreidebleich und mein T-Shirt war zum Auswringen nass – erhob er sich ungestüm, sagte, wenn ich weiterhin sein Freund sein wolle, könne ich mir die Antworten, die ich ihm schuldig sei, ja noch überlegen – und weg war er.

Nach diesem Besuch gingen meine Gedanken in einem Meer von Fragen unter. War *er* verrückt oder *ich*? Ist das die Art, wie sich Freunde heute begegnen? Das war wie eine Zorngeschichte aus der Bibel. War es ein Zeichen? Ein Zeichen wofür? Enthielt dieser Auftritt die versteckte Aufforderung, mit der postrationalen Welt, wie sie uns seit der Jahrtausendwende mit ihren stündlich wechselnden Informationen um die Ohren fliegt, Frieden zu schließen, weil sie auch vor Freundschaften nicht Halt macht? War es ein Wink mit dem Zaunpfahl, meine Art der Wissensaneignung, wie ich sie bisher betrieben hatte, zu hinterfragen? Vielleicht ist es ja tatsächlich höchste Zeit, die Technik, wie wir bisher zu unseren Lebenssicherheiten gekommen sind, zu überprüfen.

Zwar hatte mich der Auftritt des Freundes auf der ganzen Linie überfordert, doch die Fragen, die sein Besuch ausgelöst hat, sind irgendwie produktiv. Fragen nachzugehen ist ein lohnendes Geschäft. Und ohne durchgeschwitzte Hemden werden wir das Neue wohl nicht finden.

Nachdem der Besuch weg war, ging ich in den Wald. Ich dachte darüber nach, was meine bisherigen Formen der Erkenntnisgewinnung ergänzen könnte. Wie und wo komme ich neben meinem Wissen aus Büchern, Radio, Internet und anderen Medien zu neuen Gedanken? Als erstes schoss mir das Wort «Nachbarn» durch den Kopf. Wir alle haben doch Nachbarn, unterschiedlichste Menschen, sie sind einfach da und wissen und können erstaunliche Dinge. «Ich könnte auf der Stelle bei einem dieser Nachbarn aufkreuzen und ihn unangemeldet fragen, wie es ihm geht», überlegte ich. Auf dem Heimweg dachte ich an U., die in einer Querstraße nicht weit von uns entfernt wohnte. «Jetzt klingle ich einfach mal bei ihr», überlegte ich, «vielleicht nicht jetzt gleich, aber bald.» Ich ging weiter heimwärts und sah aus einiger Entfernung, wie Berenike vor dem Haus stand und mit jemandem ins Gespräch vertieft war. Es war U., die nach langer Zeit wieder einmal auf einen Sprung herübergekommen war, um sich nach dem Befinden unserer kranken Nachbarin zu erkundigen, die ein Haus weiter wohnte und bettlägerig war. – Manchmal verwirklicht sich eine Idee über den direktesten Umweg, der denkmöglich ist.

16

Gehorsam

In Heinrich von Kleists (1777–1811) Drama *Der Prinz von Homburg* wird die Frage der Ergebenheit entfaltet, wir könnten auch sagen, es geht um Staatstreue und Gehorsam. Das Stück wurde zu Kleists Lebzeiten nicht aufgeführt, es galt als nicht gesellschaftsfähig. Die Adelsfamilie derer von Homburg setzte durch, dass die Inszenierung dieses Lehrstücks verhindert wurde. Zehn Jahre nach dem tragischem Tod des Dichters, am 14. Oktober 1821, war es dann so weit, das Drama wurde am Burgtheater in Wien uraufgeführt.

Die Frage der Gehorsamkeit ist auch zweihundert Jahre nach Kleist aktuell. Wann ist ein Mensch zu Gehorsam verpflichtet und wann nicht? Ist die Einhaltung von Regeln immer sinnvoll? Wann zeichnet sich ein Mensch gerade dadurch aus, dass er die Befolgung offizieller Regeln in den Wind schlägt? Wie lange darf jemand schweigen, nur weil er oder sie staatlichen Verordnungen gegenüber in der Pflicht steht? Wann sollte man zum Vorteil aller den Mund auftun und handeln? – Vor solchen Fragen stehen nicht nur Regierungen, Parlamente, Ministerinnen und Minister, sondern auch Individuen. Sie müssen manchmal einsame Entscheidungen fällen, die ihnen niemand abnehmen kann und bei denen sie von den Gesetzen im Stich gelassen werden.

Kleist hat die Handlung seines Dramas ins 16. Jahrhundert verlegt. Preußen und Schweden stehen sich im Krieg gegenüber. Der Prinz von Homburg dient in der Armee der Preußen, deren Soldaten europaweit für ihren sklavischen Gehorsam bekannt und berüchtigt sind. Der Kurfürst ist der oberste Vorgesetzte der Armee, er will, dass der Prinz mit seinen Männern erst in dem Moment ins Schlachtgeschehen eingreift, wenn er dafür von oben einen Befehl erhalten hat. Als ihm diese Maßnahme kurz vor der Schlacht mitgeteilt wird, ist der Prinz mit seiner Aufmerksamkeit ganz woanders und hört nur ungenau hin, denn der junge Mann ist frisch verliebt. Seine Gedanken kreisen um die schöne junge Prinzessin des Hofs, die er so schnell wie möglich heiraten will. Er nickt dem Abgesandten abwesend zu, als ihn dieser mit dem Plan des Kurfürsten vertraut macht, doch er vergisst sogleich, was ihm dieser gesagt hat.

Dann zieht der Prinz mit seinen Soldaten in die Schlacht. Erst beobachtet er das Geschehen, dann bietet sich ihm eine günstige Chance einzugreifen und das Schlachtgeschehen zu beeinflussen. Er bläst zum Angriff und galoppiert ins Getümmel, die anderen hinter ihm her. Seine Intervention ist erfolgreich und trägt entscheidend zum Sieg der Preußen bei. Das Volk feiert ihn als Held. Glücklich reitet er zum Hof und will nun um die Hand der Prinzessin anhalten. Das Happy End ist zum Greifen nahe, noch bevor Kleist so richtig in die Requisitenkiste seines Dramas hineingegriffen hat.

Doch es kommt ganz anders. Statt die Geliebte in seine Arme zu schließen, wird der Prinz nach Berlin vorgeladen. Weil er die preußische Militärehre verletzt hat, muss er sich wegen Befehlsmissachtung verantworten. Der Kurfürst überlegt, ob er den Schuldigen, den er insgeheim zu seinem Schützling auserkoren hat, begnadigen solle. Dafür müsste ihn der Prinz allerdings um Gnade bitten. Dies jedoch verbietet diesem seine Ehre als preußischer Edelmann. Der Prinz von Homburg hat inzwischen erkannt, dass er gegen den Befehl des Kurfürsten gehandelt hat. Damit steht er unter Todesstrafe und der treue Staatsdiener und Soldat sieht keine andere Möglichkeit, als dieses Schicksal auf sich zu nehmen.

Der Kurfürst sinnt auf einen Ausweg und bespricht die Angelegenheit mit seinen engsten Vertrauten. Und er tut, was er ursprünglich geplant hat, er spricht den Prinzen frei. Dieser fällt in Ohnmacht, als er es erfährt. Eben noch hat er dem Tod in die Augen geschaut, jetzt wird ihm das Leben geschenkt. Das ist zu viel für seine Nerven, und die Beine versagen ihren Dienst. Als er wieder erwacht, fragt der Prinz einen Mann in seiner Nähe, ob das alles nur ein Traum sei. «Ein Traum, was sonst», lautet die Antwort. Mit diesem offenen Schluss endet das Stück. Kleist war sich bewusst, dass er die Gehorsamsfrage nicht eindeutig beantworten konnte.

Im 20. Jahrhundert wurde Kleists Drama von den Nationalsozialisten missbraucht und als heroisches Beispiel dafür genommen, dass Kadavergehorsam, also ein Gehorsam, der den eigenen Tod in Kauf nimmt, die Pflicht nicht nur jedes Soldaten, sondern auch die aller Staatsbürger sei. Nach dem Zusammenbruch des Naziregimes komponierte Hans Werner Henze (1926–2012) die Oper *Der Prinz von Homburg*. Den Text dazu schrieb Ingeborg Bachmann (1926–1973), in enger Anlehnung an Kleists Vorgabe. Henze und Bachmann ging es darum, die Frage nach einem differenzierten Umgang mit Befehlen ins Bewusstsein ihrer Zeit zu holen.

* * *

In unserer Straße lebt ein ehemaliger Richter, der ein Leben lang in hohem Staatsdienst gearbeitet hat und nun im Ruhestand ist. Einmal kamen wir miteinander ins Gespräch und er erzählte aus seinem Leben. Als junger Mann habe er Mathematik studieren wollen, eine Wissenschaft, bei der alles glasklar sei, anders als sonst im Leben, wo uns doch überall Unwägbarkeiten begegnen können. Der kluge und gebildete Mann ist noch immer von seiner geheimen Liebe, der Mathematik, angetan, doch damals studierte er Jura und wurde Richter. Dieser Beruf profitiere von mathematischer Gedankenklarheit, erklärte er mir, doch zusätzlich verlange er Sicherheit des Herzens. Was sich uns im Kopf manchmal mit zwingender Gedankenklarheit ergebe, fühle sich im Herzen mitunter ganz anders an. Auf der Universität könne man dies nicht lernen, denn die Sicherheit des Herzens komme ganz aus dem Leben.

Wer als Richter einem Gericht vorsteht, fühlt sich während der oft komplizierten Verhandlungen empathisch in die verschiedenen Standpunkte ein, dann erst verdichtet er seine Erkenntnisse zu Urteilen. Wären wir nicht gut bedient, auch im normalen Leben so zu verfahren? Kleist konnte es nicht. Sein Leben war schließlich daran zerbrochen, dass er eine Herzensangelegenheit einzig mit dem Verstand hatte lösen wollen: In einem durch die Philosophie Kants ausgelösten Gewissenskonflikt glaubte er mit logischer Stringenz erkannt zu haben, dass wir nie die ganze Wahrheit erlangen könnten, weil es zwischen den Erscheinungen der Welt und unseren Gedanken über sie einen unüberbrückbaren Abgrund gebe. Kleist habe diesen für ihn erschütternden Abgrund nicht mit jener Liebe überwinden können, die er sonst den Geheimnissen des Lebens gegenüber empfand, lesen wir in den Biografien über den Dichter. Ähnlich kompromisslos wie der Prinz von Homburg, zerbrach Kleist an einem – in diesem Fall philosophischen – Gesetz und nahm sich mit vierunddreißig Jahren das Leben.

Manchmal stehen wir vor großen Entscheidungen, bei denen uns keine Gesetze und keine Menschen als Brückenbauer zur Seite stehen. Gut, wenn wird uns dann unserer Herzenskräfte bedienen können.

17

«Alles ist Austragen» –

Viele Jahre lang hatte ich einen regelmäßig wiederkehrenden Traum: Ich stand mitten im Beruf, hatte Familie und war nicht mehr jung. Da trat plötzlich jemand, den ich nicht kannte, an mich heran und sagte, ich müsse in einer halben Stunde in Zimmer 305 im dritten Stock am Ende des Gangs meines ehemaligen Schulhauses das mündliche Matheabitur nachholen, weil damals etwas schiefgegangen sei. Ich erstarrte, dann kam im Traum ein Bildriss, und ich fand mich schweißgebatet im Bett wieder. Meine Schulerinnerungen sind unentspannt – mindestens das kann aus diesem Traum ohne weiteres herausgelesen werden.

* * *

Kürzlich bekam ich am gleichen Tag zwei Briefe, in denen von neuen Schulgründungen berichtet wurde. In einer kleinen Gemeinde in den Alpen entschloss sich ein Ehepaar, seine vier Kinder nicht in die Schule des Orts zu geben, sondern zusammen mit anderen, ähnlich denkenden Eltern aus der Umgebung eine eigene Schule zu gründen. Das Crowdfunding ist inzwischen erfolgreich abgeschlossen und eine alte Fabrik umgebaut worden. Die Schulaufsicht gab für zwei Jahre die Unterrichtserlaubnis, mit der Auflage, nach Ablauf dieser Frist bei den Schülerinnen und Schülern nachzuprüfen, ob ihre schulischen Leistungen denen der Regelschüler entsprechen. Das klingt nach Stress, doch wenn eine Behörde so weit geht und eine solche Erlaubnis ausgesprochen hat, ist sie auch daran interessiert, dass die Überprüfung durch das Schulinspektorat gelingen wird. Nun muss neben der Geldbeschaffung und der Unterrichtsgenehmigung nur noch das dritte Glied in der Kette gelingen, es müssen «nur noch» genügend Eltern gefunden werden, die freudig und mit der nötigen Geduld in die Herausforderungen hineinwachsen, die diese Schule für sie bereithält.

In der erwähnten Schule wird auf einen starren Lehrplan verzichtet und stattdessen auf «Transformation» und «New Learning» gesetzt, also auf Lernfiguren aus der Wirtschaft. Die Schülerinnen und Schüler sollen mit den rasenden Veränderungen im Technischen und Digitalen vertraut gemacht werden und ebenso mit der Natur. Der Lehrkörper setzt auf Intentionalität, Co-Kreativität und Empathie – lauter menschliche Eigenschaften, die Computern fehlen. Es soll keinen Frontalunterricht geben, kein Stillsitzen und kein Pauken festgesetzter Inhalte. Die neue Schule versteht sich als Vermittlerin von Kunstfertigkeit und weniger als Einrichtung, die den Schülern Dinge beibringen will, die ihnen nicht liegen und die sie deshalb nicht lernen und also auch nie richtig können werden.

Von einer zweiten Schulgründung im vergangenen Sommer schrieb mir begeistert ein Freund, der zu den Initiatoren gehört. Dieser Freund hat «vor nicht allzulanger Zeit eine Art neue Lebensepoche angefangen» und sich entschlossen, mit Eltern aus Home-Schooling-Kreisen einen offenen, freien «Lernraum der Lebensfreude» zu gründen. Inzwischen werden auf dem noch recht bescheidenen Gelände die Räume gestrichen und Bücher für die Erwachsenen angeschafft, denn gute Schule beginne mit der Einbindung der Eltern. Auch diese Schule hat kein strenges Curriculum. Sie legt Wert auf den Unterschied zwischen Erziehung und Bildung. Weil Bildung durch die Kette der Generationen geht, wird hier von Anfang an auch Elternbildung gepflegt. Die beteiligten Erwachsenen bemühen sich in dieser Schule um eine Atmosphäre, die den Kindern erlaubt, «vieles zu können und wenig zu müssen». In der Post des Freundes lag eine

Postkarte mit einem Spruch von Lew Tolstoi, der nicht nur *Krieg und Frieden* geschrieben, sondern auch eine Schule in Russland gegründet hatte, in der er eine zeitlang sogar selbst Lehrer war: «Die Freiheit plötzlich vom Unterricht wegzulaufen, ist etwas Nützliches und Notwendiges und zwar als Mittel, den Lehrer vor den äußersten und gröbsten Fehlern zu bewahren.»

Schluss mit Hierarchien und Titeln und der Festlegung von Können und Wissen, so die Initiatorenteams dieser neuen Schulen. Statt immer nur das Mögliche zu wiederholen, scheinen sie sich für das Unmögliche entschieden zu haben. Sie lassen die Sache mit Programmen und Skills. Stattdessen zitieren sie Texte, die etwas von dem einfangen, was sie selbst noch nicht genügend in die Sprache bringen können.

In der Post zu diesen Schulgründungen fand ich nirgends so etwas wie Stundenpläne, dafür umso mehr Gedichte, etwa ein Gedicht von Erich Fried (1921–1988) über die Liebe. Begriffe wie Vernunft, Einsicht, Klugheit und Erfahrung werden darin niedriger eingestuft als die Liebe. Vernunft unterscheide schnell zwischen Sinn und Unsinn, Einsicht meine über Erfolg oder Misserfolg einer Sache entscheiden zu können, und Erfahrung glaube zu wissen, was möglich und was unmöglich sei, doch die Liebe, so Fried, sage immer nur: «Es ist was es ist». Das ist eine Haltung, die Mut macht und dazu ermuntert, gemeinsam das Unmögliche zu versuchen.

Ist Absichtslosigkeit, Unvoreingenommenheit, Freude an Nebenwegen und Umwegen der neue Trend in der Bildung? Werden Begriffe wie «Beobachten», «Prüfen» und «Konfliktmanagment» von Wörtern wie Freude, Tüfteln, Spinnen verdrängt? «Spiele das Spiel», lese ich in einem der mitgeschickten Texte, er ist von Peter Handke (* 1942), «sei nicht die Hauptperson» und «vermeide die Hintergedanken». Oder: «Geh ein, wo du Lust hat, und gönn' dir die Sonne. Vergiss die Angehörigen, bestärke die Unbekannten, bück dich nach Nebensachen, weich aus in die Menschenleere.» Wird in Zukunft endlich für das Leben statt für die Schule gelernt, wie dies vor zweitausend Jahren ein lateinischer Spruch orakelte? Dichterworte und Geistesgegenwart, Erschütterbarkeit und der Mut, Wunden zu zeigen, ist etwas anderes als der Ehrgeiz, keine Fehler zu machen und sich in jeder Lebenslage wie die Titelstory eines Hochglanzmagazins zu präsentieren.

* * *

Viele Eltern fürchten, wenn sie von reformpädagogischen Konzepten hören, um die Karrieren ihrer Kinder. Und so stehen sich heute Schulen, Lehrerinnen und Elternhäuser manchmal fremd, ja sogar feindlich gegenüber. Dabei wäre das Gespräch untereinander für alle ein Gewinn, denn der Erfolg einer Schule zeigt sich erst, wenn die Schüler schon lange im Leben stehen und vielleicht inzwischen selber Eltern sind und ihrerseits wieder neue Schulformen suchen, weil sie wegen der eigenen Schulerfahrungen von Albträumen geplagt werden.

Was vielleicht trotz gewisser Differenzen in der Schulfrage als gemeinsame Lebenseinsicht mitgenommen werden kann, scheint mir der Gedanke zu sein, dass Bildung lebenserfahrene Lehrpersonen, viel Zeit und schön hergerichtete Räume verlangt. Rainer Maria Rilke (1875–1926), dessen Gedicht *Über die Geduld* ich in einem der Briefe fand, schrieb:

> Man muss den Dingen
> die eigene, stille
> ungestörte Entwicklung lassen,
> die tief von innen kommt
> und durch nichts gedrängt
> oder beschleunigt werden kann,
> alles ist austragen – und
> dann gebären …

18
In Übereinstimmung mit dem Kosmos

«Alle großen Menschen sind bescheiden», lautet ein altes Sprichwort. Ich habe lange geglaubt, der Sternenhimmel sei etwas, was uns alle, ob groß oder klein, bescheiden mache. Mark Aurel (121–180) war mir ein Beispiel dafür. Er hätte mit Leichtigkeit nach den Sternen greifen können, so mächtig war der römische Kaiser einst. Stattdessen kennen wir von ihm den Ausspruch: «Allem stimme ich zu, was mit dir, o Kosmos, übereinstimmt. Nichts kommt mir zu früh oder zu spät, was dir zur rechten Zeit kommt.»

Mit dem Kosmos in Resonanz zu gehen, war für Menschen bis an die Schwelle des 19. Jahrhunderts ein vertrautes Lebensgefühl. Eine Szene aus *Wilhelm Meisters Wanderjahren* von Goethe bringt dies zum Ausdruck. Sie spielt auf einer Sternwarte. Wilhelm soll zum ersten Mal Objekte am nächtlichen Himmel durch ein modernes Fernrohr beobachten. Da fühlt er intuitiv, dass der Blick durch ein Vergrößerungsglas jene Geheimnisse entweihen würde, die ihn mit dem Kosmos verbinden. Deshalb unterlässt er es, «das ungeheure Weltall nach und nach so heranzuziehen», dass Dinge erkennbar werden, die zu erkennen ihn nicht näher an das Universum heranführen, sondern paradoxerweise von ihm entfernen würde. «Es gehört eine höhere Kultur dazu, deren nur vorzügliche Menschen fähig sind, ihr Inneres, Wahres mit diesem von außen herangerückten Falschen einigermaßen auszugleichen», sagt Wilhelm in schon damals unmodern klingenden Worten, um sein Verhalten zu erklären, und verlässt die Sternwarte.

* * *

Heute ist das Wissen über noch so weit entfernte Galaxien nah an uns herangerückt. Auch ist längst Schluss mit der Ruhe am Nachthimmel. Überall blinkt's und leuchtet's, über afrikanischen Wüsten, im Himalaya, über den weiten Wassern des Pazifiks, sogar über Kamtschatka. Flugzeuge, Satelliten und andere in die Umlaufbahn geschossene, ihrer Funktion enthobene Flugkörper kreisen leuchtend um die Erde. Und mitten in dieser Mischung aus Lichtgeflacker und Weltraumschrott ist schon der nächste Lärm im Anmarsch: Seit einiger Zeit ist von Weltraumtourismus die Rede, eine Idee, die alles andere als bescheiden zu sein scheint. Vom

Geldwahn getriebene Männer haben Weltraumfirmen gegründet und wollen den Kosmos für große Geldgeschäfte missbrauchen. Ihr ambitioniertes Tun wird als obszöne Zurschaustellung von Reichtum und als ein kindischer Wettbewerb egomaner Zocker verurteilt, die durch ihre Extravaganz und Besessenheit auffallen.

Während der Weltraumtourismus noch Zukunftsmusik ist – Kakophonie trifft die Sache wohl genauer –, ist der Weltraumschrott in der Größe von etwa zehntausend Mittelklasseautos eine aktuelle Gefahr, die künftige Missionen im Weltall gefährdet. Zwar hat die Europäische Weltraumorganisation ESA beschlossen, den Schrott zu entsorgen und die ausgedienten Raketenoberstufen, abgeschalteten Satelliten und durch Explosionen und Kollisionen im Orbit enstandenen Trümmerteile aus der Stratosphäre in die Nähe der Erde zu ziehen, wo sie in der Atmosphäre verglühen würden. Doch ob dieses Projekt je gelingen wird und wer für den durch touristische Vergnügungsfahrten zusätzlich entstehenden Müll zuständig sei, ist zum jetzigen Zeitpunkt restlos ungeklärt.

Während mich uralte Beschreibungen über die von der Erde aus unsichtbare Hinterseite des Mondes oder über das Leben auf fremden Galaxien faszinieren, fühle ich mich von den gegenwärtigen Okkupationsversuchen des Orbits durch gewisse Leute regelrecht in meinen Gefühlen bedrängt. Meine Sympathie gehört Mark Aurels Haltung dem Kosmos gegenüber, während mir Jeff Bezos (* 1964), Elon Musk (* 1971) und Richard Branson (* 1950), die sich einen Wettstreit um die größten Kuchenstücke der touristischen Nutzbarmachung der Umlaufbahn liefern, eher fremd sind.

* * *

In letzter Zeit lese ich mit Freude die Bücher des US-Amerikaners Thomas Berry (1914–2009), der sich auf seine alten Tage mit der Biografie des Universums beschäftigt hat. Berry hatte eine andere Haltung zum Kosmos als die selbsternannten Eroberer der Stratosphäre. Er schaute mit tiefer Ehrfucht in den Nachthimmel und ging von der Subjekthaftigkeit des Kosmos aus. Selbst Subjekt unter Subjekten, begegnete Berry allem, was ihm da entgegenkam, mit Demut und Wertschätzung. Er fühlte sich beim Anblick des Himmels in die Geheimnisse des Lebens eingeweiht. Leben war für ihn Einssein mit der Schöpfung. Wo er auch hinschaute, sah er, wie das Leben das Fest seiner kosmischen Existenz feiert. Diese Haltung dem

Lebendigen gegenüber offenbart, wie sehr wir flüchtige Passagiere auf dem dünnhäutigen, zerbrechlichen und so wunderschönen Raumschiff Erde sind, das mit uns durchs Universum fliegt. Für diese abenteuerliche Fahrt brauchen wir keine raketenangetriebenen Explosionen unter dem Hintern, wir können die unendliche Größe und Schönheit des Kosmos auch so erleben – kein Raumflug mit Touristen kann das bieten.

Berry war Wissenschaftler und Mystiker zugleich. Für ihn gehörte der Gedanke, das Universum sei ein statisches, in sich kreisendes Gebilde, der Geschichte an. Stattdessen sah er in der Entwicklungsgeschichte des Kosmos ein Geschehen, das prozessorientiert abläuft. Neben der allgemeinen Evolution des Lebens und der Entwicklung des menschlichen Bewusstseins verfolgte Berry auch die Entwicklung des Universums. Auf diesem dreifach verflochtenen Weg des Lebens in die Zukunft schrieb er der Erde eine besondere, mit keinem anderen Planeten vergleichbare Rolle zu. «Man braucht nur einen Blick auf die anderen Planeten unseres Sonnensystems zu werfen», erklärte er als alter Mann, «um sofort zu erkennen, wie sehr die Erde sie an Vielfalt ihrer Manifestationen und an Komplexität ihrer Entwicklung übertrifft. Die

Erde scheint ein ‹Wesen› mit dem einzigen Ziel zu sein, ein großes Fest der Daseinsfreude zu feiern.»

Thomas Berry begann an der Schwelle zum dritten Jahrtausend dieses Fest in hymnische Worte zu kleiden und die Bedeutung des Menschen und der Erde für die Evolution des Universums in wissenschaftliche Begriffe zu kleiden. «Nahrung für die Seele wie für den Körper wird es nur geben», meinte er, «wenn wir uns alle als miteinander verbunden empfinden, oder es wird sie überhaupt nicht geben.» Das sind ähnlich unzeitgemäße Worte wie die, die Goethe Wilhelm in den Mund gelegt hat. Berry wusste, wovon er sprach: «Es wird nur dann eine Zukunft für uns geben, wenn wir das Universum als eine Gesamtheit von Subjekten verstehen, mit denen wir in Gemeinschaft leben, und nicht als Summe von Objekten unserer Ausbeutung.»

Berrys Anliegen könnte in Zukunft für immer mehr Menschen zur Richtschnur ihres Denkens und Handelns werden, auch wenn zur Zeit ein Riesenhype um den Weltraumtourismus gemacht wird.

19 Eigenverantwortung

Kinder lassen sich meist ungern vorschreiben, was sie zu tun oder zu lassen haben. Auch Jugendliche und Erwachsene reagieren empfindlich auf Bevormundung. Das intrinsische System im Menschen ist darauf ausgerichtet, schwierige Aufgaben selber zu lösen. Das kann auch mal zu Selbstüberschätzung führen, und die Frage, was ein Individuum alleine kann und wo es Hilfe braucht, ist nicht immer leicht zu klären.

Manchmal ist eigenverantwortliches Handeln in der Sache selbst begründet. So ist eine Lehrerin in der Regel gut bedient, wenn sie mit Schülerinnen und Schülern, die ihren Unterricht stören, im direkten Austausch nach passenden Lösungen sucht. Wenn sie sich vorschnell hinter den Schulvorschriften verschanzt oder den Schulleiter oder die Schulpsychologin holt, wird die Sache meist nicht besser, sondern schlimmer.

Lange Zeit war der gesunde Menschenverstand in unserem Alltagsleben so etwas wie die Goldwährung im Sozialen. Menschen vermochten zwischen selbstinitiiertem Handeln und dem Ruf nach Hilfe von außen sinnvoll zu wählen. Diese Fähigkeit wurde Jahrhunderte lang mit dem Begriff «Subsidiarität» umschrieben. Subsidiarität regelt das Miteinander in einer föderalistisch organisierten Gesellschaft, die sich Demokratie nennt. Das bedeutet, dass Aufgaben, die von Einzelnen oder kleinen Gruppen gelöst werden können, nicht auf die Verantwortung übergeordneter Instanzen abgewälzt wird, etwa auf Regierungen, die Polizei oder Gerichte. Das Subsidiaritätsprinzip unterstützt die Unabhängigkeit, das Verantwortungsbewusstsein und die Selbstbestimmung einzelner Personen. Familie, Gemeinde, Staat dürfen jederzeit subsidiär, das heißt beistehend eingreifen, wenn unser Zusammenleben ohne Hilfe von außen gefährdet ist, aber erst und nur dann.

Kann etwa die Familie eines Schulkindes die Klassenreise finanziell nicht stemmen, würde in einer echten Demokratie das Subsidiaritätsprinzip in Kraft treten und die Verantwortlichen würden prüfen, ob die Reise durch einen Beitrag aus der Klassenkasse oder durch die Hilfe eines Fördervereins möglich wäre. Sollte dies nicht der Fall sein, kann die Gemeinde eingeschaltet werden. Dieses Prinzip gilt auch bei der Krankenversicherung.

Dort beinhaltet es die Erwartung, dass eine erwachsene Person in der Lage ist, eine harmlose Erkältung durch Bettruhe eigenständig in den Griff zu bekommen. Erkrankt die Person jedoch schwerer, kann und darf sie medizinische Leistungen wie Arztbesuche oder Krankenhausaufenthalte in Anspruch nehmen.

Das alles klingt vernünftig, und es ist nur schwer einsehbar, wieso das gesellschaftliche Leben nicht ausschließlich nach diesem Prinzip geregelt wird. Doch wann eine Einzelperson möglicherweise überfordert ist und nicht mehr selbst entscheiden kann, ob sie etwa nur eine Erkältung hat oder ob sie bereits in einem Zustand ist, in dem der Notarzt geholt werden muss, darüber lässt sich bekanntlich leidenschaftlich streiten.

* * *

2021 – mitten in den Coronawirren – wurde von zwei Journalisten das Wort «Eigenverantwortung» mit dem Negativpreis «Floskel des Jahres» ausgezeichnet. Die Vergeber des Preises plädierten für einen sorgsamen Umgang mit der Sprache. Sie wollten «nicht anprangern, sondern sensibilisieren» und auf inflationär verwendete Floskeln, die «Zusammenhänge verschleiern und Sachverhalte beschönigen», aufmerksam machen. «Eigenverantwortung» sei ein legitimer Begriff von hoher gesellschaftlicher Relevanz, lautete die Begründung der Jury, von Impfgegnerinnen und Impfgegnern jedoch dürfe dieses Wort nicht als Rechtfertigung für ihren Eigensinn «gekapert» werden.

Mir blieb kurz der Verstand stehen, als ich las, wie diese Journalisten, denen angeblich ein sensibler Umgang mit der Sprache am Herzen lag, ihr Anliegen in unverblümter Kriegssprache formulierten. Sie sprachen von «Gegnerinnen» und «Gegnern», und sie benützten das Wort «kapern», ein Unwort aus der Geschichte der Seefahrt, und dies alles nur, um impfkritischen Menschen das Wort «Verantwortung» zu verbieten. Die beiden Juroren sprachen von ihrer Verantwortung fürs Ganze, dabei war ihr Umgang mit der Sprache, wie ich finde, geradezu unverantwortlich – und dies in besonders gefährlichen Zeiten extremer gesellschaftlicher Verwerfungen und Polarisierungen.

* * *

Im Sommer 2021 erschien im *Philosophie Magazin* ein Dossier über Friedrich Nietzsche zum Thema «Selbstbestimmung – der Schwester der Eigenverantwortung». Nietzsche entwickelte den Begriff dialektisch, oder sagen wir genauer, er drang in die Gegensätzlichkeit ein, die diesem Begriff eigen ist. In einem Beitrag dazu arbeitete der Nietzschekenner Andreas Urs Sommer (* 1972) zwei unterschiedliche Positionen heraus, die in ihrer Unterschiedlichkeit leicht erkennen lassen, auf was für ein Glatteis wir uns da begeben: Selbstbestimmung ist für Nietzsche einerseits das Privileg der Mehrheit in einer Volksherrschaft. Für sie gilt die Masse als Maß für Verantwortung. Individuen, die sich dem Masseverhalten entziehen, werden dem Verantwortungsanspruch der Masse zu unterjochen versucht.– Auf der entgegengesetzten Seite bezeichnete Nietzsche Individuen, «die sich dem Diktat, an Politik teilzuhaben und am größtmöglichen Glück der größtmöglichen Zahl mitzuweben, nicht unterwerfen», als verantwortliche und zur Selbstbestimmung autorisierte Subjekte.

Nietzsches Überlegungen scheinen eher ungeeignet zu sein, um Ruhe in die verschiedenen Auffassungen über die menschliche Verantwortung zu bringen. Die Betonung des Individuums dürfte unter den Mehrheitsanhängern nur wieder neue Gegner mobilisieren. Um dennoch einige Beruhigung in die Sache zu bringen, möchte ich an eine Initiative von Karl Jaspers (1883–1969) erinnern, die er 1945 lanciert hatte, um den Schock nach dem Totalzusammenbruch am Ende des Zweiten Weltkriegs langsam zu überwinden. Er setzte sich dafür ein, dass Begriffe wie Freiheit, Eigenverantwortung und Vernunft neu miteinander ins Gespräch kommen. Dazu gab der Psychiater und Philosoph die strenge Anweisung, die auch heute noch zitierfähig ist: «Wir wollen lernen, miteinander zu reden, das heißt, wir wollen nicht nur unsere Meinung wiederholen, sondern hören, was der andere denkt. Wir wollen nicht nur behaupten, sondern im Zusammenhang nachdenken, auf Gründe hören, bereit bleiben, zu neuer Einsicht kommen. Wir wollen uns innerlich versuchsweise auf den Standpunkt des anderen stellen. Ja, wir wollen das uns Widersprechende geradezu aufsuchen.»

Pessimisten sagen, ab einem gewissen Grad von Widersprüchlichkeit sei keine Verständigung mehr möglich. Optimisten halten dagegen und glauben, dass Aussichtslosigkeit die besten Kräfte des Individuums mobilisiere. Auf dieser Basis lassen sich auch die verschiedenen Ansichten über Eigenverantwortung austragen.

20

Brauch' ich nicht

In einem Radiogespräch erzählt ein älterer Mann von einem Campingplatz in der Nähe von Berlin, wo er das ganze Jahr über wohnt. Die Vorstellung, dass nur Menschen in finanzieller Not so etwas tun, ist falsch. Ein solches Leben scheint alles andere als trist oder eingeschränkt zu sein. Er führe ein glückliches Leben, betont der Mann mit freudiger Stimme.

Selbstverständlich sind die Kosten auf dem Campingplatz niedriger als in einer noch so kleinen Wohnung am Stadtrand oder in der Stadt. Doch wichtiger für die meisten ist, dass sie von Menschen umgeben sind, die ihnen etwas bedeuten. Und noch eins: Der Mann im Ganzjahreswohnwagen hat viel Zeit. Weil er wenig Geld braucht, muss er nicht den ganzen Tag arbeiten und kann schöne Dinge tun – für sich selbst und für andere. Auch die anderen haben Zeit und sind genauso für ihn da, wie er für sie. Eine Campinganlage, dieser vergleichsweise bescheidene «Campus der Zukunft», ist das ein Ort, wo Menschen alt werden wollen? Anscheinend ja.

Niko Paech (* 1969) bringt im Buch *All you need ist less* Argumente für die Attraktivität eines solchen Lebens. Mitautor des Buches ist der gleichaltrige Manfred Folkers, ein praktizierender Buddhist, der im ersten Teil des Buches liebevoll entwickelt, wie in uns Menschen die Sehnsucht nach Frieden und Umweltverträglichkeit und der Wunsch nach Bedürniszurückhaltung schlummern. Paech seinerseits bringt im zweiten Teil eine konstruktive, kritische Auseinandersetzung mit den Begriffen «Effizienz», «Konsistenz» und vor allem «Suffizienz». Dabei zieht er eine unüberschreitbare Trennlinie zwischen den beiden erstgenannten Begriffen und «Suffizienz».

In aller Kürze: Umweltbelastende Stoffe werden nach den Regeln der «Konsistenz» behandelt, wenn ihre Schadensintensität verringert und die Umweltverträglichkeit zu erhöhen versucht wird. «Konsistenz» und «Effizienz» sind eine Form von Nachhaltigkeit. Ein effizient konstruierter Automotor braucht weniger Energie und ist umweltfreundlicher als ein herkömmlicher. Ein Auto also, das für eine Fahrt von A nach B weniger Energie braucht (Effizienz) und einen Treibstoff verwendet, der möglichst klimaneutral ist (Konsistenz), gilt als besonders zukunftsfähig.

Solche durchaus sinnvollen Gedanken über Zukunftsfähigkeit müssen vom Suffizienzgedanken streng getrennt werden. «Suffizienz» hat mit den beiden Begriffen nichts zu tun, wie Paech zeigt, denn dieser Begriff steht jenseits der Wachstumsgesellschaft. Wer suffizient «wirtschaftet», hat einen «Selbstsschutz vor Reizüberflutung» in sein Leben eingebaut. Statt sich in zeitintensiven Studien schlau zu machen, welches Auto denn nun am klimaneutralsten vom Fließband geht, beschäftigen sich Suffizienzorientierte lieber mit überlebensnotwendigen Dingen. Autos gehören für sie nicht dazu.

Eigenartigerweise machen uns Menschen, die diesen Selbstschutz gewählt haben, mehr Kopfzerbrechen als der «normale» Konsument, der nach luxuriösen Urlaubs- und anderen Schnäppchen Ausschau hält. Anscheinend fühlen sich solche Konsumentinnen und Konsumenten ihn ihrem fragwürdigen Verhalten von denen, die das alles nicht mehr interessiert, durchschaut und entwickeln Ressentiments gegen solche Gutmenschen.

Paech unterscheidet zwischen Verzichtstrategie und Bedürfnislosigkeit. Suffizienz bedeute nicht Verzicht, betont der Wissenschaftler, vielmehr stehe Suffizienz für eine Neujustierung, bei der man für sich freiwillig eine Obergrenze von materiellem Konsum festlege. «Wie kann jemand auf etwas verzichten, was ihm nie zugestanden hat», fragt er, «weil es auf irreversibler Plünderung von Ressourcen beruht?» Suffizienz stellt keine solchen Ansprüche, sondern organisiert vielmehr die «Rückgabe einer dreist angeeigneten Beute». Das mag provozieren, doch ist es nicht eine großartige, geistesgegenwärtige und zukunftsorientierte Haltung gegen Ausbeutung?

* * *

Ich höre immer wieder, junge Menschen seien besonders umweltbewusst. Manche von ihnen sind es, das erlebe ich auch, doch es sind längst nicht alle. Kürzlich hörte ich, wie eine Studentin ihre Hochachtung vor jungen Menschen ausdrückte, die «Neues, was ich auch gerne beherrschen würde, einfach so können». Als ich sie fragte, was das denn sei, antwortete sie, solche Menschen würden zum Beispiel mit einem Bruchteil von dem Plastikabfall auskommen, den sie jede Woche wegschmeiße. Diese Kunst ist tatsächlich schwer zu lernen.

Fast gleichzeitig mit diesem Gespräch hörte ich von einem anderen zwischen drei jungen Männern. Der erste schimpfte über einen Mittelklassewagen, den er von seinem Vater geschenkt bekommen habe und der nicht einmal mit einem Turbomotor ausgestattet sei. Der zweite sprach über die Unzufriedenheit mit seinem deutschen Hightechauto und meinte, er kaufe als nächstes einen amerikanischen SUV. Der dritte, der mir diese Geschichte erzählte, saß während des Gesprächs still daneben und war, wie er meinte, nichts als betroffen.

* * *

Viele behaupten, wir seien als Kosumenten ohnmächtig. Das sind wir nicht, doch wir sollten lernen, Grundbedürfnisse wie Freisein von Hunger und Durst, Schutz vor Kälte oder Hitze, das Bedürfnis nach Sicherheit, Stabilität, Ordnung, Schutz und sozialer Geborgenheit von sekundären Bedürfnissen zu unterscheiden. Kreuzfahrten, Flugreisen, großer Wohnraum und schnelles Internet gehören zu letzteren, auch wenn sie oft mit dem «Recht auf Individualismus» als Primärrechte verteidigt werden. In Wirklichkeit ist es Luxus – und es ist, wie Niko Paech einmal bemerkte, «noch niemand verhungert, erfroren oder erkrankt, wenn er keine Urlaubsreise mit dem Flugzeug antreten oder als Schülerin keinen fremden Kontinent besuchen konnte».

Stell dir vor, es ist Schlussverkauf – und keiner geht hin. So zu handeln verstieße gegen kein Gesetz und benötigte auch keins. Es wäre eine Form von Anarchie, die erstens keine Menschen angreifen und zweitens nicht unnötig Leben bedrohen würde. Mehr und mehr Menschen zeigen Verständnis für den Aufstand derjenigen, die für sich ein neues Komfortverständnis formulieren und in einer bedarfsreduzierten Welt ein überaus zufriedenes Leben führen.

Solche Menschen sind oft voller Einfälle. Sie verlagern ihre Interessen auf transformative Praktiken wie Permakultur und regenerative Energien ohne Einsatz von Hightec. Sie erkunden die lebendige Mitwelt, pflegen das Dialogische untereinander und schaffen dadurch Beziehungssicherheit, wo die Welt sonst von Beziehungsschwund geprägt ist.

Seit einiger Zeit gibt es die *Erdfest-Initiative*. Die Organisation unterstützt dezentrale soziale Strukturen. Sie führt Baumpflanzungen durch und hilft Menschen, vor der eigenen Haustüre «Erdfeste» zu feiern. Die Kulturwissenschaftlerin Hildegard Kurt (* 1958), die gemeinsam mit Andreas Weber die Erdfest-Initiative gegründet hat, fragt: «Könnte es sein, dass angesichts der derzeit exorbitanten Ausbeutung von Lebendigem als Rohstoff und Ressource das Zelebrieren des lebendigen Seins, der lebendigen Mitwelt zu einer Quelle der Inspiration, des Widerstands und der Resilienz wird?» – Ich denke, das ist so, und ich denke auch, dass sich in dieser Haltung eine Menschlichkeit zeigt, die es schon einmal gab und die nun langsam wieder zu neuem Leben erwacht.

21
Macht der Hafermilch

«Macht bezeichnet die Fähigkeit einer Person oder Gruppe, auf das Denken und Verhalten einzelner Personen, sozialer Gruppen oder Bevölkerungsteile, auch gegen ihren Willen, so einzuwirken, dass diese sich ihren Ansichten oder Wünschen unterordnen und entsprechend verhalten.» Diese Lexikonbeschreibung von «Macht» ist einseitig. Sie erklärt unsere Zeit der militärischen Aufrüstung, Anschauungskonflikte und Wirtschaftskriege, doch Macht ist manchmal auch das Tun von erfolgreichen Menschen, die selbstlos das Verhalten anderer beobachten und daraus friedfertige Ideen ableiten und soziale Startups gründen, die anderen Freude und Wohlergehen bereiten.

Der vor einigen Jahren verstorbene Unternehmer Karl Huober (1949–2019) beobachtete das Ernährungsverhalten Einzelner, in denen er eine zukünftige Kundschaft erkannte, noch bevor diese überhaupt bemerkt hatten, dass sie sich anders ernährten als der Mainstream. Aus seinen Erkenntnissen gestaltete Huober dann Wirtschaftskreisläufe, die den neuartigen Bedürfnissen seiner zukünftigen Kunden entgegenkamen. Der Fabrikbesitzer aus Süddeutschland stelle bei seinem Tun stets die Macht der Konsumenten an die oberste Stelle. Mit diesem Blick war er in der Produktion hochwertiger Bio-Lebensmittel anderen Herstellern weit voran.

Nicht die Ohnmacht gegenüber dem Staat und der Politik sollte uns vorwiegend beschäftigen, auch wenn sie uns manchmal Kummer bereitet und wir uns den Mächtigen der Erde gegenüber schutzlos fühlen. Nur weil wir nicht direkt in die Geschicke der Staatslenkung einwirken können, nützen uns Totstellreflexe gegenüber obrigkeitlichen Entschlüssen wenig beziehungsweise gar nichts. Tiere imitieren in Lebensgefahr den Zustand des Todes, um für Fressfeinde uninteressant zu sein. Schreckstarre ist insofern biologisch zweckmäßig. Doch für das Soziale zwischen den Menschen ist ein solches Verhalten eher hinderlich als nützlich. Statt aus Angst und Ohnmacht meine Verantwortung aus der Hand zu geben und loszulassen, kann und darf ich lebensnotwendige Gedankenzusammenhänge durchdenken und mich um dringende soziale Angelegenheiten kümmern.

* * *

Wie mächtig ich als Konsument jeden Augenblick bin, zeigt die Geschichte der Hafermilch oder des Haferdrinks. Weil es sich bei diesem Getränk um einen Milchersatz handelt, darf dieser Drink nicht unter der Bezeichnung «Milch» auf den Markt gebracht werden. Der Bedarf an Haferdrinks und damit auch an Hafer ist in den letzten Jahren durch die Decke gegangen. Der Konsum von pflanzlichen Ersatzgetränken hat innerhalb kurzer Zeit um 50 Prozent zugenommen. Ein häufiger Grund für die Verwendung von Hafermilch ist zuerst das Tierwohl, und dann sind es die im Vergleich zur Kuhmilch weit geringeren Auswirkungen auf Umwelt und Klima.

Die Zeiten, als «bio» und «vegan» mit Verzicht gleichgesetzt wurden, sind schon lange vorbei. Fast jeder zweite Haushalt kennt mittlerweile pflanzliche Milchalternativen. Ob in der Nuckelflasche der Kleinen, ob im Speiseeis oder im Müsli, ob zum Backen, Kochen oder als Kaltgetränk für den großen Durst: Haferdrinks sind nicht Sektiererei, sondern Zeitgeist. Kein Wunder, dass der Anbau von Hafer in Deutschland derart zugenommen hat. Der bisher erfolgreichste Haferdrink-Produzent *Oatly* ist an der Börse und hat eine Kampagne gestartet, die den Milchbauern den Krieg erklärt. Immer diese alten Reflexe, nur weil ein Produkt auf Erfolgskurs ist, wird gleich das Kriegsbeil ausgegraben. Also auch die Produzenten von Hafermilch haben noch viel zu lernen.

Die Anbieter von Soja-, Hafer-, Reis-, Mandel- und Cashewdrinks sollten sich ihrer Macht bewusst werden und sie dann darauf verwenden, noch besser zu werden und ihre Produkte bis ins Detail zukunftstauglich zu gestalten. Bei der Frage der Aufbewahrung gibt es Handlungsbedarf, denn der vegane Lebensstil hat den Konsum an Tetra Paks vergrößert. Das ist aus Umweltsicht eine wahre Sünde. Pflanzendrinks – vegan, glutenfrei, lactosefrei, das klingt wie Musik in den Ohren, und dann dieses Unwort «Tetra Pak». Die Umweltansprüche der Verbraucher sind erst dann erfüllt, wenn der Siegeszug der umweltfreundlichen Glasmehrwegflasche bis an die Börse durchgedrungen ist. Die Macht jeder einzelnen Kundin und jedes Kunden entscheidet. Sie stehen vor den Regalen mit den Milchersatzgetränken und greifen entweder in die Legion von Tetrapackungen – oder sie entscheiden sich für die Flasche, was in diesem Fall die richtige Entscheidung ist. Sie beeinflusst den Markt, denn jede aus dem Regal geholte Flasche wird registriert, hochgerechnet und in Trends übersetzt. Einige kleinere Unternehmen und die größte Naturkostsafterei Deutschlands bieten bereits Hafermilch in der Flasche an.

Die Nachfrage an Hafer aus dem Lebensmittelbereich interessiert inzwischen auch die Bauern. Sie können meist gut rechnen und haben schon lange registriert, dass ein Liter Haferdrink höhere Preise erzielt als Kuhmilch, beträchtlich höhere. Außerdem wissen sie, dass Hafer gegenüber anderen Getreidearten Vorteile hinsichtlich Pflanzenschutz, Düngung und Unkrautunterdrückung sowie eine gute Stickstoffbilanz hat. Hafer gedeiht auch noch auf Böden, die sonst nur wenig Ertrag bringen. Und so tragen inzwischen auch die deutschen Bauern zur Produktoptimierung bei.

Und nun noch etwas zur Macht der Haushalte: Die Sache mit attraktiven Hafergetränken, mit Calcium oder Vitaminen versetzt, mit Kakao- oder Vanillegeschmack, im Barista-Design zum Aufschäumen oder schlicht pur ohne alles, muss nicht allein der Lebensmittelindustrie überlassen bleiben, denn eine gute Hafermilch ist ohne großen Aufwand in der eigenen Küche herstellbar. Wer nicht an den Drink in der Glasflasche herankommt, weil er zu weit zum nächsten Unverpackt-Laden gehen müsste, kann das Getränk im Selbstversuch herstellen. Es genügt ein Liter Wasser, eine Hand voll Haferflocken, ein bisschen Salz, etwas Zucker und ein Nussmilchbeutel oder Passiertuch – und los geht's mit der Zubereitung des milchigen Getränks. In einem der vielen Rezepte, die sich dazu im Netz finden, steht am Ende der Anleitung: «Bäms – wieder ein Stück Freiheit angeeignet!» Genau, so geht das mit der von den Göttern uns auferlegten Freiheit.

Der Soziologe Max Weber (1864–1939) beschrieb «Macht» als Chance, in sozialen Beziehungen den eigenen Willen durchzusetzen. Seine Theorie beweist ihre Schlagkraft bei der Hafermilch. Ihre Macht ist weder Autorität noch Ausbeutung, sondern so etwas wie eine milde, strukturbildende und die menschlichen Beziehungen bereichernde Antwort auf den Zeitgeist, der sich aus sozialen Bedürfnissen ableiten lässt. Kleine Kinder, die beim Einschlafen Hafermilch nuckeln, tragen genauso dazu bei wie die vielen jungen Erwachsenen, die sich auf der Autobahnraststätte den Cappuccino mit Hafermilch aufschäumen lassen, und die Alten im Seniorenheim, die ihr Croissant in den Filterkaffee mit Hafermilch tunken.

22
Dialog

In einer Szene in Wim Wenders' Film *Der Himmel über Berlin* sehen wir eine Reihe von Autos an einer Verkehrsampel unterhalb des Friedensengels stehen. Sommer, heruntergekurbelte Fenster, die Gesichter der Fahrerinnen und Fahrer sind einzeln erkennbar. Sie warten auf das grüne Ampellicht. Die Kamera schwenkt langsam von einem Fenster zum nächsten. Stimmen aus dem Off sprechen sorgenvolle Gedanken aus, die den Wartenden durch den Kopf gehen. Diese Filmsequenz ist ein Bild dafür, wie wir Menschen, selbst wenn wir schweigen, ständig reden.

«Wenn du sprichst, wiederholst du nur, was du eh' schon weißt», sagte der Dalai Lama (* 1935) einmal. Diese ernüchternde Diagnose unseres alltäglichen Lebens trifft nicht nur auf das Sprechen zu. Auch beim Zuhören bewegen wir oft einzig Gedanken, die wir schon kennen. In der Schule, in Vorträgen, überall, wo jemand sagt, was sie oder er schon weiß, schweifen die Zuhörenden umso schneller ab, je länger in dieser Art geredet wird. Gespräche, in denen – ob beim Reden oder beim Zuhören – bereits bekannte Gedanken gebildet werden, sind keine Gespräche, sondern Monologe.

* * *

Im Zusammenhang mit dem Antisemitismusvorwurf, wie er der *documenta fifteen* 2022 angelastet wurde, war an all den verhärteten Fronten ein Drang nach Statements zu bemerken. An Verständigung schienen die Konfliktparteien kaum Interesse zu haben. Umso lauter waren ihre Stellungnahmen. – Statt den Austausch zu suchen, wird meist Downloading angewandt, wie der Sozialwissenschaftler Otto Scharmer (* 1961) das Wiedergeben bekannter Meinungen bezeichnet. Die Agierenden behaupten sich, indem sie andere manipulieren und zu überreden versuchen. Das ist eine recht niedrige Stufe der Kommunikation, die niedrigste.

Eine schon etwas höhere Form ist die Diskussion. Auch hier wird noch weitgehend das aufgefahren, was bereits bekannt ist, doch zusätzlich dazu werden die Positionen und Gegenpositionen immerhin diskutiert und gegeneinander abgewogen. «Ja, aber», heißt es dann und man gibt sich mehr oder weniger Mühe, den Redenden zuzuhören. Doch in aller Regel wird vorwiegend assoziiert, und die

Gedanken, die durch den Kanal begradigter Argumente rasen, schießen unkontrolliert im Kopf hin und her. Es werden Erinnerungen hochgefahren, Überzeugungen hingestellt und Urteile verkündet.

Vieles, was als Vorwürfe gegen die *documenta* angeführt wurde, halte ich für Scheindebatten, auch wenn die Argumente der Streitenden zwingend zu sein schienen. Wie oft führen wir Gespräche, wo Heidi zu reden und Hans zuzuhören scheint, während beide dasselbe tun, nämlich bekannte Gedanken vor sich herschieben, ob laut oder still. Doch solange wir uns ungenügend oder gar nicht zuhören, gibt es nichts als Parteienstreit, und das ist etwas anderes als eine dialoggesättigte Begegnung. Interviews, Talkshows oder Podiumsgespräche verändern nichts daran – im Gegenteil, sie erschweren die Verständigung meist noch zusätzlich.

Der zuvor erwähnte Spruch des Dalai Lama lautet in ganzer Länge: «Wenn du sprichst, wiederholst du nur, was du eh' schon weißt. Wenn du zuhörst, kannst du unter Umständen etwas Neues lernen.» Zuhören ist ein Schlüssel zum Dialog. Wirkliches Zuhörens stellt sich ein, wenn wir keine Meinungen mehr bilden. Absichtsloses Zuhören bringt auch eine Verschiebung des im Kopf lokalisierten Denkens in andere Regionen unseres Organismus. «Wir verlassen den Modus des Starrens auf eine dinghafte Welt und wechseln in die Innenwelt eines Lebewesens», beschreibt Scharmer diesen Moment der Empathie oder des hinwendungsvollen Mitgefühls. Auf dieser Ebene können wir «möglicherweise erkennen, ob eine Person das richtige oder das verkehrte Wort für etwas, das sie ausdrücken möchte, gewählt hat».

Rudolf Steiner beschrieb diesen Sachverhalt folgendermaßen: «Ein Wort hat für uns noch fast keine Bedeutung, man hört es und hat es doch nicht gehört. Wir müssen aber lernen, mit der Seele zu hören. Wir müssen verstehen die intimsten Dinge mit der Seele zu erfassen.» Eine solche Haltung bedingt, dass wir, wie Steiner fortfährt, eigene Gedanken zurückhalten, «um den anderen ganz zu hören, nicht bloß das Wort, sondern sogar das Gefühl – auch dann, wenn sich in uns das Gefühl regen sollte, dass falsch ist, was der andere sagt.» Die sprechende Person spürt sofort die Intensität, die durch ein solches Zuhören entsteht und kann sich öffnen. Dadurch werden Dinge aussprechbar, die sonst ungesagt bleiben.

Berenike und ich führen, gemeinsam mit anderen, Dialoge durch, in denen wir Tempo rausnehmen und uns bemühen, vom schnellen Kopfdenken wegzukommen und andere Quellen zum Sprudeln zu bringen. Der Gesprächsprozess erweitert sich dadurch in ein urdialogisches Geschehen. Weder solche Settings, wie sie etwa im Deutschen Bundestag durchgeführt werden, noch die durchdachtesten digitalen Kommunikationstechniken vermögen diesen Zustand herbeizuführen, weder Zoomkonferenzen noch die sozialen Medien, auch kein Fernsehen und zuallerletzt das Feuilleton. Beim Buch sieht es etwas anders aus, doch auch Bücher ersetzen keinen Dialog in einem Kreis von Menschen, der extra dafür zusammengekommen ist.

Wo die Kunst des Zuhörens geübt wird, breitet sich die «Intelligenz der Herzen» aus. Im Antisemitismusstreit rund um die *documenta fifteen* würde das bedeuten, dass die einen aus ihren vererbten Schuldgefühlen und die anderen aus ihrer Opferfalle heraustreten. Der Streit verwandelte sich in der Folge davon in ein Gespräch, die Beteiligten würden ihre monolithischen Standpunkte überwinden, wie der israelische Psychologe Dan Bar-On (1938–2008) diesen Zustand der seelischen Verhärtung genannt hat. Es würden sich neue Verstehensräume öffnen und alte Überzeugungen lösten sich auf wie Schnee unter der Märzsonne.

Gedanken und Gefühle sind wichtig, doch nicht nur die eigenen, sondern unbedingt auch die meines Gegenübers.

* * *

Ich hatte in den letzten Jahren mit vielen Menschen wunderbare Gespräche. In Coronazeiten waren unsere Gesichter verhüllt und verstellt, doch wir muteten uns mit einer Offenheit einander zu, wie ich es nur in diesen Zeiten erlebt habe, beim Anstehen im Supermarkt, vor der Bäckerei, auf der Post, in der Arztpraxis, beim Überqueren der Straße, im Gespräch mit dem Hausnachbarn. Es gibt sie, die Empathie in der Begegnung! Auch wenn es dabei immer noch viel zu lernen gibt, kennen die meisten von uns diese geheimnisvolle und aufbauende Kraft. Wer in sich die Intelligenz des Herzens wachküssen kann, stößt in den Wirkraum des Werdenden vor. Auf dem Weg dorthin lassen wir uns durch Begegnungen verwandeln und treten in eine Lichtung, wo sich Präsenz und Gegenwärtigkeit ereignen. Der Eklat um die *documenta* zieht eine lange Schmerzspur hinter sich, doch das bietet auch Chancen. Werden wir sie ergreifen und die monolithischen Blockbildungen miteinander überwinden?

«Die Wirklichkeit eines anderen Menschen liegt nicht darin, was er dir offenbart, sondern in dem, was er dir nicht offenbaren kann», bemerkte Khalil Gibran (1883–1931) einmal, «wenn du ihn daher verstehen willst, höre nicht auf das, was er sagt, vielmehr auf das, was er nicht sagt» – beziehungsweise nicht sagen *kann*.

23
Sag's bitte anders

Wer auf der Höhe der Zeit ist, weiß, dass Menschen mit physischer Behinderung keine «Behinderten» und auch keine «Kranken» sind, sondern einfach nur Menschen mit Behinderung. Ebenso sind Menschen mit *geistiger* Behinderung, die wir übrigens «neurodivers» nennen, und genauso Autisten nicht in erster Linie Kranke, sondern eben Menschen mit Behinderung. Kürzlich sagte jemand, Autisten würden sich von anderen nur dadurch unterscheiden, dass sie «auf eine alternative Weise mit der Welt umgehen».

Was die korrekte Verwendung von Wörtern angeht, lernen wir nie aus. Ehemalige Flüchtlinge sind heute Geflüchtete, Weiber selbstverständlich Frauen und das Wort «Indianer» ist eine Sammelbezeichnung für Angehörige verschiedener indigener Völker.

Alle diese Bezeichnungen sind von Fettnäpfchen umstellt. Dies deshalb, weil uns erstens nie alle Umbenennungen gängiger Worte bekannt sind, und zweitens, weil wir gern auf Gewohntes zurückgreifen, statt uns mit neuen Begriffen herumzuschlagen. Deshalb werden inzwischen bestimmte Wörter aktiv aus dem Wortschatz der Umgangssprache verbannt. Das «N-Wort» und ähnliche Bezeichnungen stehen für ehemals diskriminierende Inhalte, die endgültig tabu sind. Wenn People of Color oder, noch präziser und korrekter formuliert, Black and People of Color (BPoC) sich selbst als «Neger» bezeichnen, oder wenn eine Romafrau gern als «Zigeunerin» angesprochen wird, geht das in Ordnung. Doch *weiße* Menschen sind dazu verpflichtet, das «N-Wort» oder «Z-Wort» zu benützen. Alles andere würde nur ein über Jahrhunderte verinnerlichtes kolonialistisches Denken tradieren.

* * *

Erst musste ich schmunzeln, als 2013 eine Debatte über das Buch *Die kleine Hexe* von Otfried Preußler (1923–2013) entbrannte, doch als ich den Ernst der Sache erkannte, wurde ich nachdenklich. Es war so: der Leiter des Referats Migration & Diversity bei der Heinrich-Böll-Stiftung, Mekonnen Mesghena (* 1961), handelte vorerst in seiner Funktion als Vater. Als er das von einer Freundin geschenkte Buch seiner siebenjährigen Tochter vorlas, stolperte er über Wörter wie «Negerlein»,

«Türken», «Zigeuner», «Eskimos», «Chinesen». Statt weiterzulesen, schrieb er einen offenen Brief an den Thienemann Verlag. Der Verlag verhandelte die Sache mit Preußlers Erben – der Autor selbst war kurz vor dem Eklat gestorben – und gab nach deren Einwilligung eine überarbeitete Ausgabe heraus. Aus den «Negerlein» wurden Messerwerfer und gute Feen, die «Türken» leben als Cowboys im Buch weiter, Eskimos und Chinesen behielten ihre bisherigen Namen, was in bezug auf das Wort «Eskimos» einigermaßen erstaunlich ist. Doch nicht nur Namen wurden abgewandelt: In der bereinigten Edition serviert die Hexe den Kindern nicht mehr schwarzen Kaffee wie noch zu Preußlers Zeiten, sondern Tee, und der billige Jakob darf zwar weiterhin Hosenträger, Rasierklingen und andere Alltagsgegenstände verkaufen, aber keine Schuhwichse mehr – das Wort ist in der Neufassung ersatzlos gestrichen.

In den Feuilletons brach ein Streit vom Zaun. Philosophinnen lobten die neue Ausgabe, Germanisten sprachen von Textverstümmelung, und Soziologen sahen die Kunstzensur heraufziehen. Leserinnen und Leser waren bestürzt, dass der Radar der Political Correctness inzwischen bereits unsere Kinderbuchklassiker erfasse. Doch dieser Radar hat nichts anderes zum Ziel, als uns dazu zu erziehen, verbale Diskriminierung zu unterlassen.

«Political Correctness» ist nur unvollkommen ins Deutsche übersetzbar. Der eingrenzende Duktus des Begriffspaares kommt in der englischen Verwendungsweise am stärksten zum Ausdruck. Englische – oder amerikanische – Begriffe zielen ganz generell auf klare Inhalte ab. Selbstverständlich verlangen auch in unserem Land bestimmte Lebenssituationen einen eindeutigen Wortgebrauch, doch für die Geschichte der deutschen Sprache stehen Namen wie Wilhelm von Humboldt (1767–1835) und Wilhelm Dilthey (1833–1911), Geisteswissenschaftler, für die Sprachen und Wörter unendlich auslegbar waren. Vielleicht liegt in diesem historischen Erbe der deutschen Sprache die Tatsache begründet, dass sich hierzulande immer wieder besondere Schwierigkeiten auftun, wenn heikle Problemstellungen wie Gender oder Rasse in klar definierten Worten benannt werden sollen.

Political Correctness durchzieht inzwischen alle Bereiche des Sozialen. Entweder kann ich mich politisch korrekt ausdrücken – oder ich schweige besser. Denn sobald ich auf überholte Sprechweisen zurückgreife, gerate ich unter Kritik, vielleicht nicht bei meinen besten Freunden, aber sicher bei irgendwelchen Interessengruppen. Das geschieht überall, wo sich ein Mensch durch meine Worte ausgegrenzt oder schlecht behandelt fühlen könnte. Eine Nagelprobe ist die Queerszene. Hier geht es um die Frage nach der Person in Abgrenzung zu ihrem rein biologischen Geschlecht. Wer bei diesem Thema zur Umgangssprache zurückgreift, spielt mit dem Feuer und lebt gefährlich. Queere Menschen sind vielleicht besonders sensibel, doch im Umgang mit ihnen steht nichts weniger als unsere Fähigkeit zu respektieren auf dem Prüfstand. Beim Thema «queer» ist Vorsicht der beste Garant – Vorsicht und Informiertsein. So ist es beispielsweise durchaus hilfreich zu wissen, dass die Philosophin Judith Butler (* 1956) im Ausruf «Es ist ein Mädchen» oder «Es ist ein Bub» eine diskriminierende Handlung sieht. Eltern, die bei der Geburt ihrer Kinder die neuen Erdenankömmlinge von Anfang an in solche Schubladen wie «Mädchen» oder «Buben» stecken, können dafür im Nachhinein belangt werden. Wenn ihre Kinder später wegen solcher voreiliger Fixierungen aufwendige Therapien oder gar Geschlechtsanpassungen über sich ergehen lassen müssen, könnten die Eltern für den entstandenen seelischen Schaden haftbar gemacht werden.

Die Kuratoren von Kunstausstellungen haben nicht nur bei der Gender-, sondern auch bei der Nationalitätenfrage auf Political Correctness zu achten. Auf Wunsch einzelner Kunstschaffender müssen sie manchmal deren Nationalität und Geschlecht ungenannt lassen. Manche Kunstschaffende wollen in der Öffentlichkeit nicht auf Frauen oder Männer reduziert werden, und manchmal wollen sie Stillschweigen über ihre Nationalität bewahren.

Wir sollten würdigen, ja vielmehr sollten wir uns dafür interessieren, dass manche Menschen in gesellschaftlichen Verhältnissen leben, für die es nicht immer passende Worte gibt. Weil sie wie wir zur Menschengemeinschaft gehören, müssen unsere bisherigen Begriffe erweitert, mitunter auch eingegrenzt, jedenfalls angepasst werden. Humor ist da manchmal eine gute Option, doch er sollte liebevoll und wohlwollend sein. Wehe, er ist bissig oder zynisch, dann geschieht den unvorsichtigen Witzemachern das gleiche, was sie denen wünschten, die durch sie in Verruf geraten sind: Sie werden mundtot gemacht und zwischen den Mühlsteinen der Political Correctness zerrieben, bevor sie noch einmal das Maul auftun können.

24
Berg und Musik

In den Herbstwochen zu klettern gehörte lange zu den aufregenden, ja erhabenen Momenten in meinem Leben. Wie schön war es, im abgemilderten Licht in der Stille dieser Jahreszeit gewissermaßen mit den Gebirgen zu beten, auf gewundenen Wegen zum Einstieg einer Felswand vorzudringen und, allein oder zusammen mit anderen, durch die Wand nach oben zu klettern. Ein Freund, den ich sonst eher als hartgesottenen und wenig emotionalen Zeitgenossen kenne, erzählte mir einmal, wie er auf einer Reise durch Pakistan den Indus hinauf in Richtung Quellgebiet dieses längsten Flusses auf dem indischen Subkontinent im Reisebus unterwegs war. Der Bus kam um eine Kurve gefahren, «hielt an, und eine viertausend Meter hohe Wand ragte vor meinen Augen in den Himmel». Bei diesem Anblick habe er zu weinen angefangen, erzählte er, so beseelt und erschüttert sei er von diesem gewaltigen Anblick gewesen.

Wie Meere oder Wüsten können Berge überwältigend großartig sein. Dies, wie gesagt, besonders im Herbst. Der Eindruck, den sie machen, steigert sich noch zusätzlich, wenn sie weit von der Zivilisation entfernt sind und wir auf dem Weg zu ihnen ganz auf uns allein gestellt sind. Doch man muss nicht immer zu einem Berg vordringen, um ihn zu «bezwingen», wie das in der zu Hybris neigenden Klettersprache heißt. An abgemilderten Herbsttagen, denen klares Licht einen Hauch von Süden verleiht, irgendwo in einer Wiese zu liegen und zu den Bergen und Felswänden in einiger Entfernung zu schauen, gehört für mich zu dieser Jahreszeit dazu wie der Schneemann zum Winter.

Erinnerungen an Herbsterlebnisse im hellen, stillen, warmen Fels gehören nicht einfach irgendwie dazu, denn diese Erlebnisse haben mein Dasein gründlich verändert, bereichert und, ja, auch das – verkompliziert. Klettern ist ein Risikosport, das habe ich auch erfahren. Manchmal überfallen mich beim Nachdenken über meine Klettervergangenheit auch schwierige, vielschichtige, bedrückende und über die Maßen schmerzvolle Gedanken. Gerade im Herbst sind diese Erinnerungen dann manchmal ganz plötzlich da und stellen sich, scharf beleuchtet, vor meine Seele.

In solchen Momenten verwandelt sich das Erinnern in ein synästhetisches Erleben und mein

Bild der Berge durchdringt sich mit der Welt der Musik. Da sehe ich dann meine Erinnerungsbilder und höre dazu Klänge und Töne. Das Geschehen im Gebirge und das Walten in der Musik weisen wundersame Verwandtschaften auf, die sich auch sprachlich niederschlagen. Hier wie dort sprechen wir von Kadenzen, Fluchten (Fugen), Übergängen, und Schichten, diese gibt es sowohl in der Bergwelt als auch in der Orchestrierung und Verwandlung von Melodien. Und noch etwas Erstaunliches: Wie das Zustandekommen vollendeter Gebirgslandschaften entziehen sich auch die Phänomene der Musik den Erklärungsversuchen der Evolutionstheorie. Die Lehre von Charles Darwin (1809–1882) erklärt bekanntlich das Leben verschiedener Tierarten. Auch wie es zu den verschiedenen Schichten auf der Erdoberfläche kommt, ist durch darwinistisches Denken einigermaßen beschreibbar. Doch für die Schönheit der Berge findet diese Lehre keine passenden Worte, und genauso hört das Erklären bei den steigenden und fallenden Bewegungen der Musik, Tonleitern genannt, auf, denn da reden Götter und Engel mit, und statt dass wir da weiterreden könnten, fangen die Herzen an zu singen.

* * *

Würde jemand von mir verlangen, die Musik von Arvo Pärt (* 1935) einer Jahreszeit zuzuordnen, so wäre es der Herbst. Vielleicht liegt diese Einschätzung in der Sache selbst begründet, vielleicht hängt sie mit einem Erlebnis zusammen, das ich vor Jahren im Berner Oberland hatte. In der kleinen Dorfkirche von Lenk gab es Musikkurse mit Publikum in den Kirchenbänken. Während erfahrene Lehrer in der Kirche unterrichteten, saß ich im Publikum und schaute durch ein Fenster in die ineinandergeschobenen, verschiedenfarbigen, fein verschatteten Linien der Berge. Wie in diesen Linien, die ich da sah, lebt in der Musik von Arvo Pärt ein Hin und Her von Kadenzen und Fugen, von nebeneinander und ineinander verlaufenden Melodien. Und wie die Berge, so sind auch die Partituren dieses Komponisten ein Teil der Schöpfung.

Über dem Altar in der Kirche war eine Stelle aus Psalm 121 zu lesen: «Ich hebe meine Augen auf zu den Bergen. Woher kommt mir Hilfe?» Die Zeilen handeln von der Überwindung menschlicher Not durch den Anblick der Berge. Arvo Pärt vertonte den Psalm, nachdem sein Freund Grigori Kromanov (1926–1984), der estnische Film- und Theaterregisseur, unerwartet gestorben war. «Auf einmal tat sich eine unsichtbare Grenze zwischen uns auf – ich noch auf der Seite der Zeit, er bereits in der Zeitlosigkeit», schrieb Pärt später dazu. Seine Komposition nannte er einen «Versuch, diese unpassierbare Linie mit einer zarten Berührung, einem Gruß, zu überwinden. Die zwei Welten, das Hier und Dort, sollten in der Musik als kontrastierende Schichten verschmelzen.»

Die zweite Strophe des bekannten Psalms, der den Namen *Wallfahrtslied* trägt, ist ein Gebet. «Der Herr behütet dich», hören wir in Pärts Vertonung einen statischen, auf einen einzigen Ton reduzierten Männergesang, «er ist dein Schatten über deiner rechten Hand, dass dich des Tages die Sonne nicht steche noch der Mond des Nachts. Der Herr behüte dich vor allem Übel. Er behüte deine Seele.»

Während ich der Musik in der Kirche lauschte, las ich immer wieder von Neuem die Zeilen dieses Psalms, der zwischen den Kirchenfenstern und dem Altar in dunkle Holztafeln geschnitzt war. Am Abend gab es dort dann Konzerte. Die Berge hinter den Fenstern waren in Nacht gehüllt. Und während ich Musik hörte, dachte ich an Pärts Vertonung des Wallfahrtslieds.

* * *

Heute weiß ich, dass zum Umgang mit dem sinnlich Gegebenen neben der unmittelbaren Freude am Haptischen immer auch das Pathos der Distanz dazugehört. Wie sind doch Maler wie der Romantiker Caspar David Friedrich (1774–1840) zu bewundern, die der Majestät der Berge in ihren Bildern schwingende Linien verpassten, die sich von der Erde erheben und die Silhouetten, die sich talwärts schieben, dem Himmel verschwistern, ohne dass sie selbst den Gebirgslandschaften, die sie malten, je von Angesicht zu Angesicht gegenübergetreten wären.

Der Psalm sagt, dass uns Hilfe von den Bergen komme. Ihre Schanzen und Abbrüche, die hintereinander geschobenen Schatten, Risse und Sprünge, Dissonanzen und Verwerfungen, ihre Gipfel und die Kontrapunkte der dunklen Täler sind wie ein vielgestaltiger Gesang. Die Zeiten, wo ich, um mit Edmund Hillary (1919–2008) zu sprechen, diese «Bastarde» unter meinen Füßen wegdrückte, sind vorbei. Geblieben ist die Verbundenheit mit dem Gebirg, das in meinem Inneren klingt wie Musik. Berge wie Musik sind wiegend wogende Wesen zwischen der Schwere der Erde und der Leichtigkeit unseres ans Licht drängenden Daseins.

Textnachweise

Die Beiträge in diesem Buch erschienen zwischen dem Januar 2020 und dem November 2022 in der Zeitschrift *a tempo:*

Beiträge 2020:

«Stecket den Zuun nid z'wit» (Januar), Die Sache mit der Natur (Februar), Das dritte Ufer des Flusses (April), Wenn die Welt kopfsteht (Mai), Frau van Beethoven? (Juni), Der Himmel über uns (August), Im Kreuzfeuer von Statistiken (November), Vom Wünschen (Dezember).

Beiträge 2021:

Was wir sehen (Februar), Die Farben der Erde (März), In den Fallstricken der Sprache (April), Lernen im Leben (Juni), «Zeugen himmlischer Vergnügen» (Juli), Die Sache mit den Marshmallows (August), Zufall? (September), Gehorsam (Oktober).

Beiträge 2022:

«Alles ist Austragen» (Januar), In Übereinstimmung mit dem Kosmos (Februar), Eigenverantwortung (März), Brauch' ich nicht (April), Macht der Hafermilch (Juni), Dialog (August), Sag's bitte anders (September), Berg und Musik (November).